Lilo Traun

Ciao Mama, bis bald!

HERDER / SPEKTRUM
Band 4308

Das Buch

In den besten Familien kommt es vor, und die Erfahrung machen – wenn es erstmal so weit ist – die allermeisten Eltern. Wie ist das, wenn man als Eltern plötzlich Freund oder Freundin der Tochter oder des Sohnes am Frühstückstisch trifft? Wenn die Weihnachtsgeschenke überhaupt nicht mehr „ankommen", wenn die Kinder ausfliegen und nur noch auftauchen, wenn sie etwas wollen (Geld oder Klamotten)? Wenn Mutter die größten Vorwürfe zu hören bekommt (von spießig bis geizig)? Wenn Zeiten großer Nähe sich abwechseln mit heftigen kalten Duschen? Lilo Trauns Sprößlinge sind inzwischen dem mütterlichen Haushalt entwachsen, und sie kann mit befreiendem Witz und großer Deutlichkeit erzählen, wie sie manchen Zumutungen begegnet ist. Denn eines hat sie gelernt: Trotz des Schmerzes, der im Abschied von den Kindern liegt: man darf sich nicht unterkriegen lassen. Sie hat – zum manchmal ungläubigen Staunen ihrer Kinder – ihr Leben in die Hand genommen und ist nun nicht immer verfügbar. So entdeckt sie eine neue Freiheit, die sich nach dem Loslassen der Kinder faszinierend eröffnet. Und sie macht die Erfahrung: anderen geht es ebenso.
Ein amüsant geschriebenes Buch über die alltäglich-chaotischen Erlebnisse mit den lieben halberwachsenen Sprößlingen und dem „Emanzipationsweg" einer Mutter, die bei allem Streß den Humor nicht verliert.

Die Autorin

Lilo Traun ist Journalistin und Publizistin, Mutter von vier nun erwachsenen Kindern und lebt in München.

Lilo Traun

Ciao Mama, bis bald!

Wenn Kinder flügge werden.
Lust und Frust einer betroffenen Mutter

Herder

Freiburg · Basel · Wien

Der Text von Khalil Gibran wurde mit freundlicher Genehmigung dem Band: Khalil Gibran, Der Prophet, © Verlag Walter, Solothurn 1973, entnommen.

Der Text von Mascha Kaleko wurde mit freundlicher Genehmigung dem Band: Mascha Kaleko, Heute ist morgen schon gestern; arani Verlag, Berlin 1980, 6. Aufl. 1990, S. 76/77, © Gisela Zoch-Westphal, entnommen.

Originalausgabe

Herstellung: Freiburger Graphische Betriebe 1994
Umschlaggestaltung: Joseph Pölzelbauer
Umschlagmotiv: © Klaus Espermüller
ISBN 3-451-04308-4

Für meine 85jährige Mama,
deren Optimismus und Lebensmut
mir immer wieder Mut macht
und von deren Weisheit ich oft profitiert habe
und es immer noch tue!

Für meine Kinder,
die mir immer wieder den Spiegel vorhalten,
mich lebendig halten und zum Umdenken
und Dazulernen zwingen!

Inhalt

Zweiter Teil

Vorwort

Warum schreibe ich dieses Buch? Um mir und anderen Frauen Mut zu machen bei dem schmerzlichen Prozeß des Loslassens und Losgelassenwerdens. Es ist für mich eine Art Bilanz: Was passiert mit mir, wie gehe ich damit um, was soll ich daraus lernen? In vielen Gesprächen mit anderen Frauen habe ich erkannt, es geht fast allen so wie mir. Alles was du jetzt erlebst, ist der ganz normale Wahnsinn zwischen Müttern und ihren heranwachsenden Kindern. Nein, sei versichert, du hast nicht alles falsch gemacht! Egal was und wie du's gemacht hast, es wird immer auf diese beinharten Auseinandersetzungen und Kämpfe hinauslaufen.Warum? Na, weil sie's nur so schaffen, sich von dir zu lösen und sich freizustrampeln! Und je mehr Selbstbewußtsein und Freiraum du ihnen gegeben hast, je mehr sie sich bei dir entwickeln konnten, um so mehr wirst du in dieser Phase auf die Mütze kriegen! Wieso? Na, weil sie dank dir das nötige Selbstbewußtsein und die dazugehörige Chuzpe haben, dir das alles an den Kopf zu werfen! Eigentlich hast du allen Grund, dir selbst auf die Schulter zu klopfen und dir zu sagen: Gut hast du's gemacht! Sie sind selbstbewußt, sie sind nicht auf den Kopf und auf den Mund gefallen, sie setzen sich auseinander – klar, besonders mit dir! Aber wäre da nicht eine ganze Portion Vertrauen in deine Belastbarkeit, deine Liebe und dein Verständnis, dann würden sie sich wohl ganz anders verhalten. Vielleicht würden sie kuschen? Vielleicht heucheln? Sich in vorgespielter Anpassung üben? Wäre dir *das* lieber? – Na also, du hast allen Grund, stolz oder zumindest zufrieden zu sein über das Ergebnis deiner jahrelangen Bemühungen. Du kannst dir also sagen: „Prima hab ich's gemacht: Es sind so starke und eigenständige Kinder!" Und am Ende des Tunnels ist wieder Licht: Dort treffen dann autonome, lebenstüchtige Partner aufeinander ohne Nutzdenken, einzig weil sie sich achten und mögen und weil sie Gemeinsamkeiten haben, die in langen Jahren entstanden und gewachsen sind und die in dieser Form in keiner anderen Beziehung gelebt werden können, eine „Mutter-Kind" Beziehung, transformiert auf die gleichberechtigte Erwachsenen-Ebene. Eine Gemeinsamkeit, die unaufkündbar, tief und beständig bleibt, auch wenn sich die Beteiligten vielleicht manchmal wochen- oder monate- oder sogar jahrelang nicht sehen. Das Wissen um diese Verläßlichkeit und Vertrautheit hat Wurzeln, die so tief reichen, daß nichts und niemand sie wirklich kappen kann!

Du kannst ein Buch in Romanform schreiben, du kannst es als utopische Fiktion schreiben, du kannst es in der Art eines Briefwechsels schreiben, als Drama, Psychodrama oder als Komödie. Und mit Sicherheit gibt es noch ein halbes Dutzend weiterer Möglichkeiten. Als ich mich dann entscheiden sollte, in welcher Form ich mein Tagebuch einem größeren Leserkreis zugänglich machen wollte, überlegte ich lange hin und her. Bis ich letztendlich begriff: Ich wollte so authentisch und so ehrlich wie nur irgend möglich sein, und dafür benötigte es keiner extremer Kunstgriffe, es sollte das bleiben, was es ursprünglich war: Tagebuch und Psychogramm meiner Erfahrung, meiner Gedanken, meiner Lernschritte und ihrer Erfolge und Mißerfolge. Und Rückblick und Erinnerung an eine aufregende, lebendige und deshalb wunderbare Zeit!

Lilo Traun, im Frühjahr 1994

Eure Kinder sind nicht eure Kinder,
sie sind die Söhne und Töchter der Sehnsucht des Lebens
nach sich selber.
Sie kommen durch euch, aber nicht von euch,
und obwohl sie mit euch sind,
gehören sie euch doch nicht.
Ihr dürft ihnen eure Liebe geben, aber nicht eure Gedanken,
denn sie haben ihre eigenen Gedanken.
Ihr dürft ihren Körpern ein Haus geben, aber nicht ihren Seelen.
Denn ihre Seelen wohnen im Haus von morgen,
das ihr nicht besuchen könnt, nicht einmal in euren Träumen.
Ihr dürft euch bemühen, wie sie zu sein,
aber versucht nicht sie euch ähnlich zu machen.
Denn das Leben läuft nicht rückwärts
noch verweilt es im gestern.
Ihr seid die Bogen,
von denen eure Kinder als lebende Pfeile ausgeschickt werden.
Der Schütze sieht das Ziel auf dem Pfad der Unendlichkeit
und er spannt euch mit seiner Macht,
damit seine Pfeile schnell und weit fliegen.
Laßt euren Bogen von der Hand des Schützen auf Freude gerichtet sein.
Denn so wie er den Pfeil liebt, der fliegt,
so liebt er auch den Bogen, der fest ist.

Khalil Gibran

Erster Teil

Ciao Mama ...

Gedanken über's „Loslassen" *(5. Januar)*

Daß Loslassen eine der schwersten Übungen ist, erfahren wir schmerzhaft spätestens im zarten Alter von sechs Monaten und auch, daß Nicht-Loslassen etwas mit Macht zu tun hat. Da sitzt so ein Winzling Stunden auf seinem Töpfchen, die zusehends ungeduldiger und gereizter werdende Mama neben sich. Er soll sein Würstchen hergeben, will es aber nicht; erkennt er doch ganz schnell, durch das Verweigern dieser Gabe behält er die Macht in der Hand oder besser im Po. Er bestimmt, wie lange die Mutter neben dem Topf auszuharren hat. Und schnell hat er gelernt, dieses Mittel je nach Lust und Laune zum eigenen Nutzen einzusetzen. Aber das ist ja nur ein winziges Geplänkel im Vergleich zu den Grabenkämpfen, die sich gute sechzehn oder siebzehn Jahre später abspielen sollen. Denn eines ist sicher, allen anders lautenden Aussagen zum Trotz: Das Loslassen der flügge gewordenen Kinder ist eine der schwierigsten und schmerzhaftesten Übungen überhaupt. Von Männern (sprich Geliebten), die Frau wider ihren eigenen Willen loslassen muß, wollen wir hier nicht sprechen. Daß Frau als sitzengelassene Geliebte Höllenqualen leidet, weiß jede aus eigener Erfahrung. Mehr Hohn als Trost ist es, wenn er sagt: Du hast in mir für immer einen guten Freund!

Aber bleiben wir beim Loslassen der Kinder. Beim ersten Kind ist es besonders schlimm! Gänzlich unerwartet fängt der kleine

Liebling an, das abendliche Nachhausekommen immer weiter in die späten Nachtstunden zu verlagern. Vorbei die gemütlichen und so kurzweiligen gemeinsamen Abendmahlzeiten mit Quatschen über Gott und die Welt, mit kleineren oder größeren Geplänkeln über dies und das. Schmerzvoll wird den verwaisten Eltern klar: Das ist vorbei. Von jetzt an werdet ihr euch nur noch zu zweit, Auge in Auge, gegenübersitzen. *Allein dieser* Tatsache ins Auge zu sehen, ist eine harte Übung. Doch das ist erst der Anfang! Das beklemmende Gefühl: Was, die bleiben schon die halbe (schlimmer noch die ganze) Nacht weg, sind wir denn jetzt die „Alten"? (Klar, sind wir! Für die Youngsters schon viel länger als wir ahnen!) Ab jetzt macht sich der Nachwuchs rar und rarer. Beim Sonntagsfrühstück dasselbe Bild: Eine Ménage à deux. Und bitte keine laute Musik. Die lieben Kleinen müssen ausschlafen (sie sind erst gegen drei Uhr nachts nach Hause gekommen). Der Parmaschinken fürs Sonntagsfrühstück ist auch weg. Aber das sind nur die kleineren Pannen, denn leergefressene Kühlschränke (ohne Rücksicht auf eventuelle Gelüste und Bedürfnisse anderer Familienmitglieder) sind von jetzt an üblich. Gemeinsame Mahlzeiten, außer an Geburts- und Feiertagen, haben Seltenheitswert. Da allerdings machen sich die süßen Kleinen uns, den alten Eltern, dann sozusagen zum Geschenk. Und wir, besonders die Mütter, wissen das auch gebührend zu schätzen und honorieren ihre milde Güte und Großmut, mit uns Langweilern den Tisch zu teilen, durch stundenlanges Köcheln, Braten und Backen. Daß die gemeinsame Tafel ziemlich früh aufgelöst wird, ist dabei vorprogrammiert: letzter Bissen noch in den Backentaschen, stürzen sie davon, links Vaters Autoschlüssel, rechts den (da wieder mal abgebrannt) „geborgten" Fünfziger von der Mutter in der Hand. Wichtige Verabredung, die Clique wartet. Langsam, ohne es in der ganzen Tragweite zu begreifen, rutschen wir, peu à peu, in die Rolle eines Hotels oder besser einer Art Herberge. In dieser Phase ist nun sehr wichtig: Eisschrank immer gut gefüllt halten und achtlos hingeworfene Wäsche und Oberbekleidung sofort und unverzüglich waschen, bügeln und bereitlegen. Ohne zu lamentieren, versteht sich! Überhaupt ist fröhliches und lockeres Auftreten beim Auftreten der Lieben ein Muß! Bei Nichtbeachten dieser letzten drei Regeln droht unerwarteter und totaler Entzug durch vorzeitiges Ausziehen des Lieblings!

Keine Angst, es kommen wieder andere Zeiten. Filius beziehungsweise Filia wird wieder häuslicher. Die außerhäusliche Phase in dieser Form ist nur die Vorstufe zu einer weiteren Form des Zusammenlebens. Wenn Sohn oder Tochter sich ernstlich verlieben und ihr erstes Glück genießen, haben wir sie wieder viel öfter an Tisch und Bett. Sie lassen uns jetzt wieder hautnah an ihrem intensiven Leben und Lieben teilhaben. Das Letztere mehr oder weniger diskret. Und als moderne Eltern tolerieren wir das. Was sage ich: Wir begrüßen es fast freudig! Ist es nicht herrlich, daß unsere Lieben so viel freier aufwachsen als wir vor dreißig Jahren? Sie können ihre zarten Gefühle im Schutz und Schoß der Familie ganz frei entfalten (mein Gott, wie stressig war das bei uns, in zugigen Hauseingängen, immer in Angst vor unliebsamer Entdeckung, oder auf feuchten Waldböden mit Ameisen im Hemd oder an schlimmeren Stellen. Von dem steifen Genick, das man sich auf unbequemen Autorücksitzen zu holen pflegte, ganz zu schweigen). Auch der Segen der Pille war uns nicht vergönnt. Heute sieht es ganz anders aus: Brunft und Lustschreie, die das Ohr verschämter Unbeteiligter erreichen, machen höchstens den Eltern zu schaffen, keinesfalls den Verursachern. Wobei erstere sich schuldbewußt fragen, bin ich vielleicht verklemmt, lustfeindlich oder gar von Sexualneid gebeutelt? Sollte dir, als Mutter, am nächsten Morgen am gemeinsamen Frühstückstisch wirklich das Malheur passieren, daß dir beim Anblick der Liebsten deines Sohnes, letztere ganz unverkrampft und selbstverständlich in deinem seidenen Lieblingskimono, das Lächeln nicht so leicht fällt, mach dir nichts daraus: Das verliebte Paar wird es gar nicht bemerken (vorausgesetzt, du vergißt nicht, Kaffee nachzuschenken). Hadere nicht zu sehr mit dir selbst, halte dich bitte nicht für kleinkariert, steh zu deiner Schwäche!

Doch auch diese Phase geht vorbei. Und irgendwann, ganz plötzlich, ziehen Sohn oder Tochter wirklich aus. Nach der anfänglichen Erleichterung macht sich nun abgrundtiefe Trauer breit. Eine wunderschöne, erfüllte Phase unseres Lebens ist abgeschlossen. Unwiderruflich vorbei! Jetzt ist die Trennung endgültig, und nie mehr wird es so sein, wie es war. Aus Eltern werden gezwungenermaßen wieder Einzelwesen, deren Sorge und Fürsorge fortan überflüssig und unerwünscht ist (es sei denn, es handelt sich um finanzielle Fürsorge, die ist geduldet bis erwünscht und darf noch bis in die Ewigkeit ungestraft praktiziert werden). Oft sinkt das Stimmungsbarometer in dieser dritten Phase unter Null! Bonjour Tristesse! Wozu aufstehen und Frühstück machen? Für wen und was Mittagessen oder gar Abendbrot? Alles scheint düster und überflüssig! Meine beste Freundin magerte beim Auszug ihrer einzigen Tochter erschreckend ab! Sechzehn Pfund in nur drei Wochen! Sie kaufte nichts mehr ein, kochte nicht mehr, aß nicht mehr. Aber nur Mut! Der Appetit kommt wieder, die Lebensgeister kehren zurück, und damit kommen wir zu Phase vier. Erstaunt stellen wir fest, unser Leben ohne die Kinder ist zwar ein völlig anderes, aber nicht unbedingt schlechter. Endlich Zeit für sich selbst zu haben, die Dinge zu tun, die wir schon immer machen wollten! Sich auf die eigene Person zu besinnen. Gesunder Egoismus fängt an, um sich zu greifen. Und, oh Wunder über Wunder! Wir fangen an, das alles zu genießen, ganz ohne schlechtes Gewissen! Zukünftige Brunft und Lustschreie stammen dann von uns selbst (hoffentlich!). Endlich wieder „Paargefühle" – falls zweite Hälfte überhaupt noch vorhanden ist! Ach ja, und noch was: Häufiger als zu hoffen gewagt, tauchen die Ausgezogenen wieder auf, und zwar nicht mehr, weil wir zur Versorgungsanstalt verkommen sind, sondern, du glaubst es kaum, um uns zu sehen – jawohl: uns! – und um mit uns über Gott und die Welt und dies und das zu quatschen. Ganz ohne Nutznießereffekt! Und wenn wir es jetzt geschafft haben, uns nicht durch die Hintertür bei ihnen einzuschleichen (es gibt da so Tricks wie Fensterputzen bei der Tochter, Wäschewaschen für den Sohn), dann haben wir unsere Lektion wirklich gelernt: Wir haben losgelassen! Und damit auch viel gewonnen. Und nicht nur für uns, glaubt es mir, sondern für beide Seiten! Ja, und auf den nächsten Seiten will ich euch ein bißchen erzählen, was so alles passieren kann und muß, und wie sich das so anfühlt, der Spaß und auch der Frust mit- und aneinander, das Sichzwicken und -zwacken, Sichärgern, Sichentfernen und Wiederannähern: halt den ganz normalen Wahnsinn, der sich abspielt, bis beide Seiten wirklich so weit sind und sich freigestrampelt und wirklich losgelassen haben!

Ein ganz normales Frühstück (11. Januar)

„Du nervst", sagt mein Sohn.

„Kannst du morgens nicht einfach in deiner Falle bleiben", sagt meine Tochter.

„Lilo, wann wirst du endlich das rechte Maß zwischen liebevoller Fürsorge und unaufdringlicher Zurückhaltung finden und sozusagen seismographisch erfassen, was wo und wann gefragt ist?" frage ich mich selbst. Da quälst du dich mitten in der Nacht aus deinem warmen Bett, um deine Schäflein um sechs Uhr früh mit Speis' und Trank für den Tag zu laben.

Erster Morgen: Reaktion positiv bis erfreut.

Zweiter Morgen: „Du nervst", sagt mein Sohn. „In deinem Alter kann Schönheitsschlaf nicht schaden!"

Dritter Morgen: Kein Frühstück! Zwar hat mich das obligatorische Türenknallen pünktlich geweckt, zwar scharre ich nervös mit den Hufen (werden sie die Brötchen finden, wird die Milch heiß genug sein?). Nein, meine Liebe, du gehst jetzt nicht nach unten, um dich zu kümmern, du bleibst ganz ruhig und entspannt in deinem Bett. Horch nicht so angestrengt nach unten! Das mit dem Entspannen klappt wohl noch nicht so ganz? Das Schlagen der Haustür zeigt an, sie sind weg! Ob sie ihr Pausenbrot und den Apfel nicht vergessen haben?

Vierter Morgen: Ich bleibe liegen – diesmal schon mit einer Spur Genuß! Zugegebenermaßen. Die Haustür knallt – siehe letzter Abschnitt.

Fünfter Morgen: Herrlich! Endlich länger schlafen! Haustür etc. wie gehabt!

Sechster Morgen: „Hey, Mammi, was ist los? Fehlt dir was? Gibt's in diesem Haus kein Frühstück mehr??"- Nein, meine Lieben, gibt es nicht mehr! Es sei denn, ihr macht's euch selbst! Ältere Damen brauchen eben ihren Schönheitsschlaf! Und sie fangen an, ihn zu genießen.

Von häuslichen Pflichten und sich selbsterfüllenden Prophezeiungen (25. Januar)

Noch nie etwas von „Affirmation" gehört? Also zum Beispiel: „Lilo, du bist großartig! Alles, was du anpackst, gelingt dir! Du hast Freude an deiner Familie und an deiner Arbeit. Du schöpfst Kraft und innere Ruhe aus deiner harmonischen Familie!" Das sind positive Affirmationen – sozusagen sich selbst erfüllende Prophezeiungen. Oft genug wiederholt, erzeugen sie bei der Anwenderin positive Kräfte, das Vertrauen in die eigene Person wird gestärkt, je mehr die Botschaft verinnerlicht wird. Schön wär's! Welcher weltfremde Spinner hat sich das nur ausgedacht? Lilo, entweder du bist medial eine Null, oder hakt es vielleicht beim Verinnerlichen? Irgendwas machst du falsch! Warum stellt sich bei dir das gestärkte Selbstwertgefühl, die in Aussicht gestellte

Harmonie und Freude nicht ein? Im Gegenteil, in deiner „harmonischen und friedvollen" Familie fliegen die Fetzen, und alles wendet sich gegen dich! Hast du heute nicht einen praktikablen Vorschlag zur Umverteilung häuslicher Pflichten gemacht? War der nicht konstruktiv und fair? Deine „Kinder" sind gut genährt, kräftig und gesund. Sollte da wirklich das tägliche Tragen eines normal-großen Mülleimers einen Burschen von stattlichen 1,84 Meter Länge an den Rand seiner körperlichen Leistungsfähigkeit treiben? Sollte ihn das wirklich so erschöpfen, daß seine schulische Einsatzfähigkeit ernsthaft gefährdet ist? Oder sollte das Wischen eines mittelgroßen Badezimmers wirklich so zeitraubend sein, daß darüber jegliche kreative Freizeitbeschäftigung nicht nur gefährdet – nein! – geradezu unmöglich gemacht wird? Du selbstsüchtiges, egomanisches Geschöpf solltest dir wirklich gut überlegen, ob du soviel Schuld und Verantwortung auf dich laden willst! Kannst du es verantworten, solchermaßen unterdrückte und ausgebeutete Wesen ins harte Leben zu entlassen? Solltest du nicht alles dafür tun, sie in ihrem kreativen Potential zu fördern, den von der Schule so arg gebeutelten Gestalten das Leben zu Hause so angenehm und bequem wie irgend möglich zu gestalten?

„Schließlich ist ja bislang alles ganz gut gelaufen ohne solch hirnrissige Auflagen und Absprachen", stellt genervt der Älteste fest. Die zugegebenermaßen etwas gereizte Antwort, daß das doch immer auf deine, Lilos, Kosten geht, wird souverän vom Tisch gefegt: „Schau, du bist das schon seit Jahren gewöhnt, dir geht's doch in der halben Zeit von der Hand! Das ist doch auch eine Rentabilitätsrechnung", sinniert dein zweiter. „Überleg mal, was da in der eingesparten Zeit alles entstehen kann!" Daß diese eingesparte Zeit mit all ihren potentiellen Möglichkeiten *mir* abgeht, interessiert anscheinend nur mich selbst!

Schließlich meldet sich der weibliche Teil der Familie zu Wort. Die liebe Tochter bringt in die etwas festgefahrene Diskussion über Hausarbeit und ihre Verteilung einen völlig neuen Aspekt. Sie beleuchtet die Situation aus feministischer Sicht. In deinen kühnsten Träumen hättest du das nicht zu hoffen gewagt: Deine Saat geht auf. Ihre detaillierten Ausführungen, weswegen gerade sie, einziges weibliches Element inmitten einer Horde chauvinistischer Macho-Brüder, jegliche Mithilfe verweigern muß, sozusagen als Fanal gegen männliche Dominanz- und Unterdrückungsmechanismen, ist wahrhaft beeindruckend! Du hast allen Grund, hochgestimmt zu sein! Wie sieht's denn aber bei der Umsetzung der töchterlichen Theorie für dich aus? Diese mehr rhetorische Frage kann nicht zur allgemeinen Zufriedenheit beantwortet werden. Kommst du dir doch nach Lage der Dinge nicht nur „männlich-dominiert", sondern auch noch „weiblich-töchterlich" ausgenutzt vor.

Logische Konsequenz: das Handtuch werfen und in absoluten Dienstleistungsstreik treten! Alle anfallende Hausarbeit an andere Familienmitglieder delegieren. Empörter Protest von vier Seiten. Ja, siehst du, da tappst du nun in deine eigene Falle: Hättest du deine drei Söhne zu mehr Rücksichtnahme, mehr Solidarität und mehr Mithilfe angehalten, wäre die heutige Debatte überflüssig, dann gäbe es in deiner Familie keine Machos und notabene auch keine Tochter, die sich gegen „frauenfeindliche Tendenzen" wehren muß. Dann würde jeder und jede freudig und ganz und gar freiwillig seinen/ihren Part übernehmen. Jeder würde jedem helfen, und alle wären lieb und rücksichtsvoll miteinander! Ja, und damit kämen wir dann meinem utopischen Traum von der heilen Familie sehr nahe. Affirmationen wären dann natürlich auch völlig überflüssig …

Klamottenklau
(7. Februar)

Was macht frau, wenn sie einen wichtigen Termin hat, noch ein knappes Stündchen Zeit ist und sie ihr einziges, seriöses „Geschäftsfrauen-Jäckchen" beim besten Willen nicht finden kann? Ja, richtig! Sie eilt ins Zimmer der siebzehnjährigen Tochter. Dort schaufelt sie sich unerschrocken durch Berge zerknüllter und angeschmuddelter Kleidungsstücke. Und sie hat Glück, sie wird fündig. Was spielt es da schon für eine Rolle, daß das gute Stück am Ärmel ein bißchen eingerissen ist, am Revers einen Klecks Ketchup hat und auch sonst nicht ganz porentief rein wirkt? Seien wir bitte nicht so kleinkariert und spießig! Ist es nicht herrlich, daß wir mit der Tochter so ein wunderbar lockeres und vertrautes Verhältnis haben, daß sie sich jederzeit so unverkrampft und selbstverständlich aus unserem Fundus bedient?

„Das zeugt doch von Nähe und Gleichklang", sagt die Tochter. Woran liegt's, daß sich bei mir die rechte Freude über so viel Gleichklang nicht einstellen mag? Mein enges Besitzdenken schlägt mal wieder zu: Ich bin sauer! Ich mag's nicht, wenn meine ganz persönliche Habe (dazu zählen auch meine Klamotten!) zum Selbstbedienungsladen mutiert. Erstens ist es eine Verletzung meiner Intimsphäre, zweitens eine Mißachtung meiner Person (anfragen oder darum bitten wäre wenigstens angesagt). Drittens sehe ich absolut nicht ein, warum der lästige Weg zur Reinigung (von den Kosten ganz zu schweigen) immer an mir hängen bleibt.

„Steht mir doch sowieso besser, das mußt du doch zugeben", sagt mein Kind zu mir. Aber auch die Erkenntnis, daß das gute Stück an dieser taufrischen Maienblüte lässiger wirkt, kann mich da nur unzulänglich entschädigen. Sollte mich gar so etwas wie ein Anflug von Eifersucht ob soviel Jugend und knackiger Anmut beuteln? Auch Mütter sind normale Menschen und sollten ihre kleineren Macken haben dürfen! (Über die größeren wollen wir lieber den barmherzigen Mantel des Schweigens brciten.) Zugegeben, manchmal bin ich gereizt, unausstehlich und ungerecht. Manchmal kleinkariert und eng (mein Jackett gehört mir!). Ja, und manchmal (aber wirklich nur ganz, ganz selten) da bin ich auch ein bißchen eifersüchtig auf so viel jugendliche Freiheit und Selbstbestimmung. Als ich siebzehn war, da war das alles noch ganz anders (oh, barmherziger Himmel, jetzt redest du schon wie eine verschrobene Jungfer!) O.k., deine Zeit war ein bißchen anders – aber wirklich nur anders. Und vergiß nicht, was hinter dir liegt, ist ein Sack voll Asche. Was zählt, ist das Hier und Jetzt. Wer hat das bloß gesagt? Na, ist ja auch nicht so wichtig, aber es hat durchaus etwas Tröstliches!

Wenn einer einen Führerschein hat, aber kein Auto! (22. Februar)

1. Strophe: Heute hat also auch der Jüngste seinen Führerschein gemacht. Gratulation! Wie aber soll der Führerschein-Neuling Freude schöpfen aus den Früchten seiner Bemühungen, wenn das Auto zum Führerschein fehlt? Da großen Brüdern offenbar jegliches Solidaritätsgefühl abgeht, warum sonst sollten sie sich so an ihren Rostlauben festkrallen? (Originalton des Jüngsten.) Ja, da bleibt dann für die fällige Probefahrt wohl nur das bescheidene Auto der Mutter. Alles drängt rein, alle fahren mit. Soweit so gut!

2. Strophe – ein Tag später: „Kann ich heute ausnahmsweise mal dein Auto ...? Du weißt ja, wie pingelig Vater mit seiner alten Kiste ist!" Besagte „Kiste" ist zwar ein gerade mal zwei Jahre alter Mercedes, aber was bedeutet das schon gemessen an der wunderbaren Möglichkeit, meinem beim Vater lebenden Sohn die Großherzigkeit eines liebenden Mutterherzens zu demonstrieren? Die allseits bekannte fatale Falle, in die geschiedene Eltern so gerne tappen, wenn es darum geht, im Kampf um die Zuneigung der gemeinsamen Kinder (jawohl, *gemeinsam*, das macht diese Konkur-

renz ja noch absurder und trauriger!) einen Punkt zu machen. Da setz' ich doch gerne noch eins drauf, und er darf den Wagen natürlich noch einen Tag länger haben! Ha, das wäre ja gelacht! Übrigens kenne ich keine Kinder, die sich diese Schwäche ihrer Erzeuger nicht freudig zunutze machen. Der mit dem Autoschlüssel überreichte Zwanziger fürs Tanken wird zwar erst mal bescheiden abgelehnt, letztendlich dann aber doch barmherzig angenommen.

3. Strophe: Auf dem Fahrrad, im einsetzenden Nieselregen, eingekeilt im Autostau der restlichen erwerbstätigen Menschheit, habe ich nun reichlich Zeit, auf dem Weg zu meinem Broterwerb meiner eigenen Befindlichkeit, der meines hoffentlich glücklichen Sohnes in meinem Auto, sowie meiner selbstlosen Güte und Großmut zu gedenken. Ein glückliches Lächeln umspielt meine Lippen, als ich mit nur halbstündiger Verspätung und naß bis auf die Knochen (der Nieselregen hatte sich inzwischen zum sintflutartigen Regenfall ausgewachsen) an meinem Arbeitsplatz eintrudele.

4. Strophe – nächster Tag: Morgendlicher Anruf vom Sohn: „Kann ich den Wagen noch ein kleines Tägchen länger ...? Bitte!" Wer will jetzt kleinlich sein? „Ja doch, geht in Ordnung." Aus dem „Tägchen" werden vier volle weitere Tage. Am fünften Tag Anruf meinerseits beim Sohn: „Bitte den Wagen zurück, und zwar sofort! Nach nur sechs weiteren Stunden klingelt's an meiner Tür, Sohn stürmt herein, knallt den Autoschlüssel auf den Tisch: „Da hast du die Karre! Hättest du das nicht gestern sagen können? Du hast mir den ganzen Tag versaut! Grad heute war ich mit Freunden auf dem Land verabredet!" Spricht er, dreht sich um und entschwindet.

5. Strophe: Da sitz ich nun, frustriert, mit Wut im Bauch. Nicht mal bedankt hat sich der Kerl! Immerhin ist er eine geschlagene Woche mit dem Wagen herumkutschiert, der Tank ist auch leer, und überhaupt fühle ich mich verschaukelt und ausgenutzt!

6. Strophe – am Abend desselben Tages: Bei trautem Kerzen-

schimmer und einem Gläschen Wein lade ich meinen Seelenmüll bei meinem Liebsten ab, beschwere mich bitter über den rücksichtslosen Knaben.

7. Strophe : Zoff mit dem Freund! Warum? Na, weil er meinem Sohn am Zeug geflickt hat! Trost? – Ja, bitte! Kritik an meiner großartigen Brut? – Nein, niemals und nicht in dieser Form! Da werde ich zur reißenden Tigerin oder zur wilden Löwin, die ihr Junges verteidigt!

Fazit: Woran liegt's, was läuft in solch einer Situation schief? Lange Diskussionen mit anderen Betroffenen, Freunden, die Kinder im gleichen Alter haben, bringen ein bißchen Licht ins undurchschaubare Dunkel. Ergebnis: Es liegt an uns, den Eltern. *Wir* müssen unser Verhalten ändern: Runter von dem Trip der immer großzügigen, immer verständnisvollen Mutter! Ja, ja, Lilo, ich weiß, du als Anlaufstelle für die Jugend, deine Kinder, ihre Freunde und weiß der Himmel noch für wen. Als kompetente, gefragte Gesprächspartnerin in allen Lebensfragen. So ähnlich stellst du dir das vor. „Bullshit", hätte dein Freund M. dazu gesagt. Und der ist durchaus bewandert auf dem Gebiet. Die Realität ist doch eine andere. Großzügigkeit in jedweder Form (besonders in Form von Barem) wird von der Jugend natürlich gerne angenommen, das ist bequem und angenehm, aber der intensive Austausch, von dem du träumst, der findet meist in der Clique und mit Freunden statt. Und jetzt kommen wir zum wichtigsten Punkt: Seien wir doch nur da großzügig, wo wir's auch aus vollem Herzen sind, ohne Hintergedanken, und das soll heißen, da, wo wir's aus Freude am Geben sind und nicht, weil wir versuchen, Abhängigkeiten zu schaffen, um auf diesem Schleichweg mehr Zuwendung, mehr Aufmerksamkeit oder was auch immer, einzuklagen.

Gewohnheiten, Hierarchien und „Kuhstallwärme“ (1. März)

Unser Familienverband ist dabei, sich zu wandeln. Genauer gesagt: Er ist dabei, sich aufzulösen. Warum ist es für mich so schwierig, die Veränderungen in unserer Familienhierarchie zu akzeptieren? Und warum schaffe ich es nicht, mich von den vertrauten Gewohnheiten und Ritualen zu verabschieden, so ganz ohne Bitterkeit und Groll? Was habe ich gejammert, mich oft genug beschwert, daß ihr eure tausend großen und kleinen Dinge nicht selbst erledigt, daß ihr alles an mich delegiert, daß ihr euch eure Freiräume auf meine Kosten schafft! Und jetzt, wo ihr anfangt, euren Kram selbst zu machen, mich vom täglichen Kochzwang befreit, indem ihr zu den gemeinsamen Mahlzeiten einfach wegbleibt, ist es auch nicht recht? Erinnert ihr noch unsere Endlosdebatten zu diesem Thema?

Ich: „Glaubt ihr, ich habe nichts anderes zu tun, als zigmal am Tag dieselben Nudeln aufzuwärmen und dann zu erleben, daß ihr sie einfach stehen laßt?! Was glaubt ihr, wozu ich koche?“ Lapidare Antwort von euch: „Ganz recht, zigmal aufgewärmt und fast zur Unkenntlichkeit verkocht! Was denkst du wohl, wie die nach dem dritten Wärmen schmecken? Besch . . .n! Also, sparen wir uns das doch! Kaufe halt ein bißchen Wurst und Käse, ein paar Semmeln, fertig! Schmeckt besser, und du sparst dir die Arbeit! Das ist Logistik!“

Den morgendlichen Frühstücksstreß habt ihr auch abschafft, indem ihr euren Hintern einfach nicht aus dem Bett hebt. Dazu stellvertretend Kommentar des Jüngsten: „Irrsinn! Um sich eine trockene Semmel in den Hals zu stecken, steh' ich doch nicht eine halbe Stunde früher auf!“

Eure Legionen von T-shirts, Sweatshirts und Jeans wascht und bügelt ihr inzwischen selbst (bzw. ihr tragt sie ungebügelt). Und was hat mich das immer rasend gemacht, daß ihr die Dinger nach einstündigem Tragen in den Schmutzwäsche-Behälter gestopft habt, aus Bequemlichkeit, statt sie aufzuhängen oder in den Schrank zu legen! Tja, und jetzt, wo das ein Ende hat, da komme ich mir so überflüssig und in die Ecke gestellt vor. Statt mich an meiner gewonnenen Freiheit zu freuen, endlich Zeit für Dinge zu haben, die mir persönlich wichtig sind, sitze ich untätig herum und hänge meinen trüben Gedanken nach. Schlimmer noch, ich ertappe mich dabei, wie ich plötzlich ganz scharf drauf bin, eure Jeans oder Hemden zu bügeln! Es war doch schön, so „gebraucht" zu werden, da entstehen ja auch Abhängigkeiten, der so „Umsorgte" ist moralisch verpflichtet, seinen Tribut in Form von Zuwendung und Dankbarkeit zu entrichten. Wo soll ich mir diese Zuwendung jetzt holen? Die vertraute „Kuh-Stall"-Wärme geht mir schwer ab! Es ist so ein behaglich-wohliges Gefühl, Teil einer vertrauten und festgefügten Ordnung zu sein. Dieses wunderbare Gefühl von Zusammengehörigkeit und selbstverständlicher Geborgenheit, das mir durch euer „Da-sein" einfach geschenkt wurde, das wird es so nie mehr geben! Bei und mit anderen werde ich mir das (falls überhaupt möglich) erst mühsam erarbeiten oder verdienen müssen.

Gestern stieß ich auf eine interessante Theorie über Lebensstadien und ihre Aufgaben. Sie stammt von dem Psychologen Erikson. Was mich daran fasziniert ist seine Ansicht, daß jede unerledigte Aufgabe im Leben ihre Entsprechung im Alter hat. Jedes Lebensalter hat seine ganz bestimmte Aufgabe. Eine der wichtigsten Aufgaben steht zwischen vierzehn bis zwanzig an: das Abnabeln von den Eltern. Das geht nicht ohne Kampf und Rebellion ab. Wagen aber wird nur der den Kampf, der schon als Säugling die unumstößliche Gewißheit erwerben konnte, daß ihn die Mutter nie ganz verläßt, daß sie immer wieder zu ihm zurückkehrt und daß er geliebt wird, ganz egal, was er macht und wie er es macht! Wer diese unumstößliche Gewißheit hat, kann Auseinandersetzung wagen, wird sich trauen, eigene Wege zu gehen und seine eigenen Gesetze finden und aufstellen. Haben uns die Eltern diese bedingungslose Liebe aber nicht gegeben, dann haben wir Angst davor, uns mit Kampf, Streit und Auseinandersetzung abzulösen, denn wir müßten ja befürchten, daß das mit Liebesentzug der Eltern geahndet wird! Solch ein Kind wird sich anpassen, wird nur das tun, was die Eltern erwarten und wünschen. Es wird dadurch nie erfahren, wer es wirklich ist: Solch ein Kind wird nie lernen, seine eigene Identität zu entwickeln. Es wird immer die Bestätigung durch irgendeine Autoritätsperson brauchen (sei es die Mutter, der Vater, ein Lehrer oder der Chef). Es wird sich nie wirklich lösen und abnabeln. Solch ein Mensch wird sich auch in einer späteren Beziehung hauptsächlich über den Partner identifizieren, hat er doch nie gelernt, eigenständig zu sein. Im Alter sind das dann die Menschen, die sich an ihre Kinder, an Verwandte, an Pfleger usw. klammern und durch permanentes Klagen und Jammern versuchen, Zuwendung einzuklagen, anstatt selbst initiativ zu werden! Daß sie damit wirklicher Zuwendung und Anteilnahme verlustig gehen, können sie nicht begreifen. Sie werden bitter und isolieren sich damit immer mehr. So schließt sich der Teufelskreis! Das Interessante daran ist, daß der Grundstein zu diesem Verhalten in der Jugend gelegt wird. Durch nicht erfolgte Ablösung von den Eltern! Also Lilo – Mädchen, laß sie ziehen, kralle nicht! Oder möchtest du deine Lieben dermaleinst (vielleicht in 60 Jahren?) als jammerndes Häufchen Unglück sehen? Ja, du hast ja recht, kannst du ja gar nicht, weil du die Radieschen dann selbst längst von unten beguckst! Aber es wäre immerhin möglich, daß du dann von da ganz oben (wegen guter Führung!) sozusagen von Wolke sieben herunter schaust, und da solltest du dir dann keine Vorwürfe machen müssen! Ganz nebenbei, ich hoffe doch stark, daß ich selbst meine Abnabelung geschafft habe, denn auch ich möchte mit achtzig nicht als weinendes Bündel am Hals meiner Kinder oder gar eines Pflegers hängen!

Von mondhellen Nächten, schlaflosen Müttern und schwarzen Gedanken (12. März)

Lilo, du schläfst zu wenig! Dein Jüngster hat recht: Nichts geht über den vielgepriesenen Schönheitsschlaf – gerade in deinem Alter! Was bringt's, Nacht für Nacht angestrengt ins Dunkel zu horchen, ob die Kinder noch immer nicht nach Hause kommen? Gerade im Schoß der Nacht lauern tausend Gefahren! Morde, Raubüberfälle, Vergewaltigung – alles in diesen stockdunklen Nächten! Die schauerlichsten Verbrechen und Katastrophen passieren da! Wo in der Statistik über Verbrechen steht geschrieben, daß diese Greueltaten ausgerechnet in finsteren, mondlosen Nächten geschehen? – Ruhig durchatmen, autogenes Training machen: Du bist ganz ruhig, Sonnengeflecht warm durchströmt ... – Ja, gut, du bist ganz entspannt! – Wie geht doch dieser blöde Vers? Ach ja: „Warte, warte nur ein Weilchen, bald kommt Haarmann auch zu dir, mit dem kleinen Hackebeilchen ..." (für Uneingeweihte: Haarmann war in den zwanziger Jahren ein Massenmörder, der hauptsächlich Knaben und junge Männer umgebracht hatte). – „Dein Arm ist ganz schwer, du bist ganz ruhig!" – Tu diese idiotischen Gedanken aus deinem Kopf! Sie sind mit deinem Wagen unterwegs! Wo, in drei Teufels Namen, ist jetzt mitten in der Nacht noch geöffnet? Es ist schon zwei Uhr! Ob die Bremsen in Ordnung sind? Sie werden doch nichts getrunken haben? Hoffentlich kein Unfall, nachts kommt doch in dieser gottverlassenen Gegend niemand vorbei, bis man sie findet, könnte es zu spät sein! – Du hörst augenblicklich auf zu spinnen – sie werden gleich da sein. Versuch zu schlafen! Du kannst ja Schäfchen zählen, das wirkt Wunder! (hat meine Mama immer gesagt). Was ist das? – Oh Gott, ein Käuzchen! Was hat meine Großmutter immer über das Klagen des Käuzchen gesagt? – So ein Unsinn, du bist doch nicht abergläubisch! Mach' besser noch eine Übung: Mein Bein ist ganz schwer ... – Es hilft irgendwie nicht, wahrscheinlich bin ich nervös. – Du wirst ihnen deinen Wagen nicht mehr leihen! Dieses rücksichtslose Volk! Nein, das wirst du wirklich nicht! Haben sie auch nur einmal den Tank wieder aufgefüllt? Na, siehst du! Oder auch nur ein bescheidenes „Dankeschön"? Na, also! Diese rücksichtslosen Egomanen wirst du nicht mehr unterstützen! – Warum schläfst du nicht endlich? Ist doch ihre Sache, wenn sie halbe Nächte auf der Pirsch sind; sollen sie doch auf sich selbst aufpassen! Sie hängen ja schließlich auch am Leben! – Ob ich mir unten in der Küche eine heiße Honigmilch mache? Habe ich schon als kleines Mädchen bekommen, wenn ich nicht schlafen konnte! Oder doch besser ein bißchen Baldrian? – Schon drei! Du wirst morgen furchtbare Ringe unter den Augen haben! Mach nur so weiter! Keine Lachfältchen! Nein, „Krähen-Füße"! Um Lichtjahre gealtert wirst du bald sein!! Oh, ich höre was! „Daniel, Justus seid ihr's"? Sie sind da!! Morpheus nimm mich in deine Arme! Willkommen, Bruder Schlaf!

Nachspiel: Frühstück, nächster Morgen: Zwei übellaunige, zerzauste Gestalten kauen lustlos ihr Brötchen. „Wo hast du die denn her? Sind ja steinhart! Die stammen wohl aus der Zeit von vor Christus? Und der Kaffee ist auch so pleurig! (bedeutet in Hochdeutsch dünn). Und was wir dir noch sagen wollten: Absolut ätzend! Du kommst nachts nach Hause, ziehst rücksichtsvoll die Schuhe aus, schleichst leise auf Socken hoch, und plötzlich dies penetrante Daniel, bist du's? Das nervt total! Da könnt' ich ausrasten! Wir sind doch keine Kinder mehr!"

Fazit: Aufhören mit dem sinnlosem Warten und Grübeln! Du kannst sie weder herbeizwingen noch herbeibeten! Dich kostet's deinen Schlaf, und die Kinder sind genervt! Bald werden sie ausziehen, da kannst du über ihr Wohl und Wehe sowieso nicht mehr wachen. Also, loslassen und umdenken – gleich ab morgen!

Turnschuhkauf
(28. März)

Dialog mit meinem Jüngsten, zu diesem Zeitpunkt gerade 18 Jahre alt.

Dominik: „Du Mami, ich brauch' neue Turnschuhe! Kannst du mir die Kohle gleich mitgeben?"

Ich: „In Ordnung. Hier sind 150 Mark, den Rest bitte zurück."

Dominik: „Das soll wohl ein Witz sein? Die kosten fast 250!"

Ich: „Einfache Turnschuhe zu 250 Mark? Ich hab' da letzte Woche in der Stadt bei S. sehr gute gesehen, die waren reduziert und kosteten nicht mal 100 Mark."

Dominik: „So einen Schotter zieh' ich nicht an! Die einzigen, die ganz ordentlich sind, sind die „X". Die halten dann ja auch eine Weile."

Ich: „Diese ‚Weile' dauerte beim letzten Mal keine drei Monate."

Dominik: „Sei doch nicht so kleinkariert. Da sind meine Füße so schnell gewachsen. Du bist doch sonst ein Ästhet, ich versteh' nicht, daß dir da jedes Qualitätsgefühl fehlt."

Ich: „Hier geht's nicht um Qualitätsgefühl, sondern um eine Grundhaltung: Dieses ständige Konsumieren, diese Markenreiterei finde ich ekelhaft. Außerdem haben wir vier Kinder. Vergiß das nicht!"

Dominik: „O.k., o.k. Mal was anderes: Gibst du mir heute dein Auto?"

Ich: „Warum Auto? Du hast doch deine Monatskarte?"

Dominik: „Siehst du, so bist du! Die Altvorderen von Sven haben ihm zum Abitur einen nagelneuen Golf geschenkt. Mit Servolenkung!"

Ich: „Aha, und wo bitte sollen wir vier nagelneue Golfs hernehmen? Außerdem: Ein Auto zu schenken, das finde ich überhaupt sehr ungesund. Und wenn's denn sein muß, tut's ein gebrauchtes auch – wenn es wenigstens zum Teil selbstverdient ist."

Dominik: (Ton gönnerhaft-nachsichtig): „Komm, schalt' wieder runter. Du kommst halt in die Wechseljahre."

Ich: ???

Dominik: „Du bist immer so schnell auf Achtzig – keifst rum oder heulst!"

Ich: „Wie bitte? Wann denn?"

Dominik: „Na, eben jetzt zum Beispiel!"

Ich: „Ich habe ja wohl allen Grund: Du moserst herum, bist frech, und im selben Atmezug sagst du dann ‚ich brauch das Auto!' Kein ‚bitte', kein ‚wäre es möglich' – nichts! Und ganz nebenbei läßt du dann noch fallen, daß du tanken mußt und ob ich nicht einen Fünfziger locker hätte. Wie, glaubst du eigentlich, fühle ich mich dabei?"

Dominik: „Wieso denn? Warum bist du plötzlich so zickig wegen der alten Karre? Die hab' ich doch schon xmal gefahren."

Ich: „Eben!"

Dominik: „Sei doch nicht so hoffnungslos antiquiert und nervig. Wenn's den Erzeugern gutgeht, ist's doch normal, daß die ganze Familie an diesem Wohlstand partizipiert!"

Ich: „Partizipiert?! Ich sehe nur, daß ihr Ansprüche stellt! Und warum ‚partizipiert' ihr dann nicht auch an den täglichen Pflichten? Wenigsten in bescheidenem Maße?"

Dominik: „Ausbeuterin! Als ob der Schulstreß nicht genug wäre! Wieso hast du denn vier Kinder, wenn dir alles zuviel ist?"

Ich: ???

Hätte ich einen Vater gehabt …

Hätte ich einen Vater gehabt
Oder gar eine Mutter!
Von einem großen Bruder nicht zu reden …
Jeden sah ich von ferne an
Und wünschte ihn mir.

Vier waren in der Familie
Aber vier waren es beinahe nie.
Vater beständig auf Reisen
Und Mutter bei Tante Li.

Eine Schwester hatte ich wohl
Die sprach nie ungefragt.
Sparte ihr Taschengeld
Und kniff mich unter dem Tisch.

Fremde gegen ein Monatsgehalt
Bevölkerten meine Kindheit.
Emma bewachte die Masern.
Und Minna verband mir die Hände.
Daß du die Windpocken nicht aufkratzt, das wäre ja.
Aber ich kratzte und trage das Mal
Heimlich unter der rechten Wimper.

Zimperlich war ich nicht.
Sprang in den Bach,
Das Kätzchen zu retten.
Spielte mit Kletten
Und stieg die drei knarrenden Treppen
zur Oma hinauf,
Im Lichtstreik hinauf, ganz allein.
Wenn auch der leibhaftige Frankenstein
Vom Sonntagsfilm mir nachstieg im Dunkel
Und Haarmann, der grausige Haarmann
Der Bockwurst aus Schulkindern machte,
Wie man in der Morgenpost las.

Was ich mir wünschte
Bekam ich nie.
Aber auch darauf war kein Verlaß.
Das Beinahe war schlimmer als das Nein.

Hätte ich Schlittschuhe gehabt.
Zwei Schlittschuhe auf einmal.

Hätte ich ein Heim gehabt
Oder gar eine Heimat
Ich fremder Niemand aus Niemandsland.

Mit sieben spielte ich mit meinem Kummer
Verstecken.

Mascha Kaleko

Sonntagsfrühstück (12. April)

Unser allgemeines Frühstück ist zwar abgeschafft, aber das wöchentliche Sonntagsfrühstück lasse ich mir nicht nehmen.

Was heißt aber *Früh*stück? Vor 11.00 Uhr geht gar nichts: Die nächtlichen Spätheimkehrer liegen noch wie narkotisiert in den Betten. Manchmal gelingt es tatsächlich, den größeren Teil der Familie nach zwei bis drei gescheiterten Anläufen so gegen Mittag um den Tisch zu scharen (in England nennt man das dann „Brunch"). Wahre Sternstunden sind es, wenn sich *alle*, und das auch noch vor den Abendnachrichten, leidlich ausgeruht und leidlich gutgelaunt zu einem sonntäglichen „Spätstück" treffen. Da lacht das Mutterherz! Und alle Mühe und alles vergebliche Warten ist da vergessen. Früher, als das noch selbstverständlich war, wußte ich gar nicht, *wie* kostbar solche Stunden sind. Erst der Mangel schafft Bewußtsein!

Da sitzen wir nun um den Tisch, lieblich steigt mir der Kaffeegeruch in die Nase, die ofenwarmen Croissants auf dem Teller – und alles ist wie früher. Nein, nicht ganz, denn da ist dieses neue Bewußtsein, das schärft die Sinne für kleine Glücksmomente. Jedenfalls fühle ich mich geradezu tierisch wohl. Reden über Gott und die Welt, über dies und über das, über Wichtiges und Unwichtiges. Die alte Nähe, die schmerzlich vermißte Vertrautheit, plötzlich ist sie wieder da! Sie erzählen von der Schule, von der Uni, von Freunden und von ihren Lieben und ihrem Frust. Für Momente lassen sie mich teilhaben an ihren Gedanken und Gefühlen. Ich schiebe ein zweites Blech mit Croissants ins Rohr, fülle das Himbeergelee nach und wünsche mir, daß dieses Frühstück kein Ende nimmt!

Planung kommender Ferienfreuden (3. April)

Urlaubsplanung für den Pfingsturlaub. Beim letzten Mal war es noch unkompliziert, da familienumfassend freudig erwartet. Diesmal gestaltet sich die Planung schon im Vorfeld kompliziert. Seit heute morgen 7.15 Uhr steht es fest, die beiden „Großen" wollen nicht mehr mit! Wieso und warum? Familienurlaub ist Schnee von gestern, absolut out! – Was statt dessen angesagt ist? – Ah! Abenteuer pur!

„Interrail" heißt die Zauberformel. Das ist der Duft der großen, weiten Welt! Jede Nacht auf einem anderen Bahnsteig, jeden Tag eingekeilt zwischen vielen, vielen anderen Abenteurern. Dank akuten Platzmangels zwischen Klo und Notausstieg am Boden sitzend – mit jedem und jeder Wurststulle und Thermosflasche teilend: der ganz, ganz andere Urlaub! Da werden neue Einsichten und Freundschaften fürs Leben gewonnen bzw. geknüpft. Wer möchte da noch mit der alten Mutter und den jüngeren Geschwistern am Familienstrand der Adria dösen? Das ewige Pizza- und Spaghettiessen hängt einem auch schon aus den Ohren. Das abendliche Minigolfspielen und Flippern ist auch nur noch zum eingeschlafene Füße kriegen! „Interrail", das ist Leben wie es sein soll, prall und bunt!

Lilo, warum machst du dir Sorgen? Sei doch nicht so vorgestrig! Was soll schon passieren? Nein, sie werden nicht im Schlaf überfallen und ausgeraubt! Nein, auch Malaria bekommen sie nicht! Die Tse-Tse-Fliege ist in Italien und auch in Spanien längst ausgerottet – falls die da überhaupt mal beheimatet war! Verhungern? Nicht im Zeitalter von McDonald's! Schließlich existieren die schon weltumspannend! Die beiden „Kleinen" (werden familienintern wegen des fast achtjährigen Altersunterschiedes zu den beiden „Großen" so genannt) werden unglücklich sein? Unsinn, gib doch zu, daß du es bist, die unglücklich ist!

Ja, es stimmt, eine Ära geht zu Ende. Nie mehr wird es so sein, wie es war. Oder ist es dir lästig, daß du nicht faul im Sand dösen kannst, selber auf die Youngsters aufpassen mußt? Als Entertainerin und Alleinunterhalterin bist du ziemlich schwach. Nur Mut, alles läßt sich lernen! Spätestens in der zweiten Woche wird dir der abendliche Rundlauf vom Minigolf zum Flippersaloon Spaß machen. Was sag ich, du wirst es kaum noch erwarten können bis zum Abend. Flipperhallen und Teeny-Discos werden dein zweites Zuhause sein! Aber nicht Vergessen: immer schön im Hintergrund halten! Es gibt nichts Penetranteres als „Gluckenmütter", die ihre Nase immer vorn haben, sagt meine Tochter. Vielleicht hast du die letzten Jahre ganz schön etwas versäumt, wenn du auf deinem Urlaubsbalkon mit deinem „guten Buch" und deinem Sonnenuntergang geblieben bist? Das war doch immer der gleiche Trott. Jetzt kommt auch deine Chance! Also allen Grund, sich auf die nächsten Ferien zu freuen!

Nachtrag, am Abend desselben Abends:

„Eure beiden großen Brüder wollen diesmal nicht mehr mit uns allen in die Ferien fahren, was sagt ihr beiden dazu?"

Julie: „Na endlich! Dann hab ich diesmal ein Zimmer für mich alleine! Was hältst du davon, wenn ich Birgit frage, ob sie Lust hat, mit uns zu fahren? (Birgit ist Julies derzeit beste Freundin.) Nun guck' doch nicht so trübsinnig. Die letzten beide Male haben sie doch sowieso nur gemosert und sich gelangweilt! Die Luftmatratze und das Surfbrett haben sie uns auch fast nie gegeben! Also, mich stört's nicht, daß sie diesmal woanders hinfahren!"

„Und was denkst du, Dominik?"

„Ich find's eigentlich schade. Abends beim Flippern war's mit den Brüdern immer ganz lustig! Und am Strand wird's auch langweiliger ohne die beiden! Mit Julie kann man so wenig machen. Die liegt immer bloß in der Sonne und will braun werden. Und abends hängt sie stundenlang vorm Spiegel rum und blockiert das Bad! Nimm bloß nicht diese Zicke von Birgit mit, zu zweit sind die unerträglich, das kann ich nicht ab! Nächstes Jahr fahre ich auch lieber mit den Brüdern.

Über Pflichten und Konsequenzen (25. April)

Muntere Egomanen hast du da aufgepäppelt! Hast dich freiwillig zum Garanten für angenehmes und sorgenfreies Leben, ganz ohne Forderungen und Auflagen gemacht! Du brauchst jetzt wahrlich nicht rumzusitzen und zu jammern! *Du* hast sie durch deine „Affenliebe" und dein Verwöhnen zu dem gemacht, was du jetzt verteufelst! Warum sollten *sie* das jetzt ändern wollen? Es geht ihnen doch bestens damit! Gut, du moserst gelegentlich rum, manchmal springst du auch wie Rumpelstilzchen im Carrée, na und? Damit läßt's sich leben. Meist kriegst du dich nach deinen Attacken verhältnismäßig schnell wieder ein, und deine daraus resultierenden Schuldgefühle sind durchaus brauchbar. Der nächste Ausbruch läßt mindestens sechs Wochen auf sich warten, und dazwischen läuft es nach altem Muster herrlich. Wo ist also das Problem? Nur du scheinst eines damit zu haben; also mußt du es auch verändern.

Mehr Freiraum für dich heißt, weniger Freiraum für die Gören – und umgekehrt! Deren Bequemlichkeit geht zu deinen Lasten, und das hoch vier! Dazu gehört, daß du den Müll auch nach fünfmaliger vergeblicher Aufforderung nicht selber rausschleppst, auch wenn er überquillt und stinkt. Und auch, wenn es weniger Nerven kostet als das ewige Anmahnen. Doch Nachgeben bedeutet Kapitulation! Und schneller als du haben sie es begriffen: Die Ohren sind auf Durchzug gestellt. Wenn man lang genug weghört, hat sich in neun von zehn Fällen die Übernahme lästiger Pflichten erledigt! Was ist also daraus zu lernen? – Richtig! Sei hartnäckig und bestehe unmißverständlich auf berechtigten Forderungen, selbst wenn du zehnmal und öfter daran erinnern mußt. Es zahlt sich aus, ist eine Zukunftsinvestition für beide Seiten. *Du* fühlst dich nicht mehr ausgenutzt, und *sie* lernen (zwar zähneknirschend, aber immerhin), Pflichten in Bereichen zu übernehmen, die nicht nur der eigenen Bedürfnisbefriedigung dienen, sondern der ganzen Familie zugute kommen. Sozialverhalten nennt man so etwas! Und das wiederum werden auch eventuelle spätere Gefährtinnen und Gefährten deiner Lieblinge zu schätzen wissen. Denn: Ego-Trip ist out! Ich bin für liebevolles Miteinander.

Vier Tage später:

„Julie, würdest du bitte den Müll rausbringen?"

Schweigen, keine Antwort.

„Julie, bitte, der Müll!"

Grabesstille.

Diesmal schon lauter: „Julie, bring' augenblicklich den Müll raus!"

Julie:"Oh Gott! Du nervst total! Das bißchen Müll! Ich mache mich bloß noch fertig, wenn ich gleich weggehe, nehm' ich ihn mit raus!"

Ich, hysterisch brüllend: „Du bringst ihn jetzt, auf der Stelle, raus! Hast du mich verstanden?"

Julie erscheint (nachsichtig den Kopf schüttelnd) am Treppenabsatz. In Zeitlupe, provozierend langsam, nimmt sie den Mülleimer, schlendert zur Tür (nicht ohne noch zwei Orangenschalen und eine leere Milchpackung fallen zu lassen) und murmelt im Rausgehen: „Seit du im Wechsel bist, wird das Zusammenleben mit dir immer unerträglicher!"

...

Miteinander!

No Problems oder: Keine Probleme! (2. Mai)

Gestern habe ich einen gemütlichen Abend mit Freunden verbracht. Nach angemessener Anlaufzeit kam es zum immer wieder aktuellen Austausch über die lieben Kinder (daß die jeweiligen Exemplare längst das wahlfähige Alter erreicht bis überschritten haben, tut dem immerwährenden Interesse und der nie versiegenden Aufmerksamkeit ihrer Erzeuger keinen Abbruch!) Aaah, richtig warm wurde mir da ums Herz, alle machen sie ihr Abitur mit wenigstens einer Eins und Prädikat! Wie schön, die Welt wird bevölkert von lauter kleineren und größeren Genies, wir dürfen also hoffnungsfroh in die Zukunft blicken. Und da wird erfolgreich studiert, daß es eine Lust ist (Examina eingeschlossen, und die wurden in allerkürzester Zeit gemacht, versteht sich). – Schulprobleme? Ablösungs-und Pubertätsprobleme?? Anscheinend ist das für alle Eltern, außer *mir*, ein Fremdwort. Alle sind die besten Freunde ihrer Kinder, ihr Rat wird gesucht und geschätzt – nach eigenem Bekunden der Betroffenen!

Ich höre es wohl, allein mir fehlt der Glaube! Daß diese Nesthocker auch im Alter von fast dreißig ihre Ferien, Weihnachten und was derlei schöne Dinge mehr sind, am liebsten in liebevoller Eintracht mit ihren Erzeugern verbringen. Eventuelle Freundinnen oder Freunde werden selbstverständlich mit eingebunden, wenn es ihnen gelingt, das Wohlwollen der Familienmutter – nein, das Wort Familienglucke wäre abwertend und unfair – also, wenn es ihnen gelingt, das Wohlwollen dieser reifen, weisen Frau zu erringen. Ja, das ist das Schöne daran, sie leben so aufgeschlossen und bewußt mit der „Jugend", bleiben dadurch selbst so herrlich jung und lebendig! Sollte es wider Erwarten einmal geschehen, daß man mit diesen „Wunderkindern" selbst ins Gespräch kommt, hört sich die Geschichte dann allerdings oft gravierend anders an.

Und was hatte ich zu berichten:

Deine eigene Brut fährt schon lang nicht mehr regelmäßig mit dir in Urlaub, ja, und an Weihnachtsfesten und ähnlichem zieht es sie regelmäßig spätestens um zehn zu den Freunden und der Clique! Auch die Schulzeit ähnelte streckenweise mehr einem Drama oder einer Horrorvision! Was hast du gelitten und dich gesorgt, als dein Zweitältester ein Jahr vor dem Abitur die Schule schmiß! Wie hast du dich aufgeregt, als dein Erstgeborener kurz vor dem Zwischendiplom den Studienzweig wechseln wollte! Und als deine Tochter dir in verhältnismäßig kurzer Zeit den dritten Mann ihres Herzens präsentierte! Oder schau dir die neuesten Fakten an: Deine geliebte Tochter zieht das winzige Zimmerchen im Studentenheim ganz offensichtlich dem Umsorgtwerden im komfortablen Elternhaus vor. Probt sie die Unabhängigkeit oder gar den Aufstand? Der begabte Zweitälteste hat das Studium endgültig geschmissen, er plant jetzt die Eröffnung eines Strandcafés in der Karibik!

Warum arten die bei anderen offensichtlich so gehaltvollen Diskussionen im Familienkreis bei uns so oft aus? Warum gibt's bei uns Auseinandersetzungen, daß die Fetzen fliegen? Warum reden die mit dir so schnoddrig wie mit ihresgleichen? Warum wird dir nicht die so oft zitierte Achtung vor dem Alter zuteil? Warum werden deine lebensklugen Anregungen nicht nur nicht zur Kenntnis genommen, sondern geradezu sabotiert? Beinhart wird da der Anarchie das Wort geredet, zumindest aber der absoluten Opposition!

„Für die Ehrfurcht des Alters bist du noch nicht alt genug, die setzt frühestens mit siebzig ein, und wenn du einigermaßen rüstig bleibst, noch etwas später!" sagt meine Tochter.

„Sei doch froh, daß wir dich nicht mit jedem Pippifax belämmern!" sagt mein Jüngster.

„Du hast's doch gut, du brauchst in den Ferien auf nichts und niemanden Rücksicht nehmen!" meint der Älteste.

Wie wahr, wie wahr! Aber ahnt ihr überhaupt, wie gerne ich mir euren „Pippifax" anhören würde, wie gerne ich mich von euch „belämmern" lasse? Wie gerne ich in den Ferien Rücksicht nehme? O.k.!! Auch da habt ihr recht, das ist wirklich *mein* Problem!n!

„Pack's an den Wurzeln!" *(7. Mai)*

Sieh an, da hat dir wohl die Vorsehung einen klugen Text zugespielt! Zwei Dinge sollte man seinen Kindern mitgeben: „Wurzeln und Flügel", wird da ein neuseeländisches Sprichwort zitiert. Die Autorin sagt: „Eltern, die sich beschweren, daß ihre Kinder länger als geplant bei ihnen bleiben, haben ihren Teil dazu beigetragen, daß es so bleibt, und sie tun es immer noch, denn sie wollen gar nicht, daß sich an der Situation etwas ändert." Weiter: „Eltern, die sich dem Prozeß des Abstandgewinnens entziehen, mit dem Ziel, zu Freunden ihrer Kinder zu werden, vernachlässigen ihre Erzieherfunktion und übernehmen eine Rolle in der Eltern-Kind-Beziehung, die ihnen nicht zukommt! Ein freundschaftliches Verhältnis kann nur dann zustande kommen, wenn die Ablösung von beiden Seiten erfolgt ist."

Aber das tut verdammt weh: loszulassen, sie ihren eigenen Weg gehen zu lassen, zu erkennen, daß man ins zweite Glied gerückt ist, nicht mehr existentiell nötig und gefragt ist. Und wie schon früher erwähnt: Nicht der Versuchung zu erliegen, sich durch die Hintertür durch allerlei Dienstleistung (Putzen, Waschen, Bügeln etc.) einzuschleichen, das erfordert nicht nur Selbstdisziplin und Standhaftigkeit, es erfordert auch den Mut, sich dem Unwillen und der Kritik auszusetzen; denn *beliebter* sind allemal die dienstwilligen Mütter, taugen sie doch der eigenen Bequemlichkeit und können sich somit noch einige Zeit im paradiesischen Zustand des „Gebrauchtwerdens" und somit im Zustand der Gnade wähnen!

Nachtrag:

Zum „Zustand der Gnade" paßt besonders gut das „Demutsprogramm" meiner Freundin Greta: Immer wenn ihr etwas passiert, das ihr nicht guttut, immer wenn sie eine Ungerechtigkeit, eine Kränkung, eine Intrige oder Niederlage einstecken muß, dann sagt sie: „Das ist mein Demutsprogramm, was soll ich daraus lernen, was mache ich falsch in meinem Leben?"

Ich habe das anfangs milde-nachsichtig belächelt, und jetzt habe ich auch mein „Demutsprogramm"! So oft ich eines auf die Mütze bekomme, stelle ich mir die unvermeidliche Frage, „Was sollst du begreifen, Lilo, was hast du versäumt zu lernen?" Mein „Demutsprogramm" hat viele Gesichter. Offenbar habe ich mich fünfzig Jahre lang meinem „Lernprogramm" widersetzt und verweigert! Mein „Demutsprogramm" holt mich immer wieder ein und treibt mich brutal von „Crashkurs" zu „Crashkurs" in Sachen Selbsterkenntnis.

Vor ein paar Tagen kam mein Jüngster von seiner Klassenfahrt aus Berlin zurück. Circa dreißig Mammis holten sie ab. Ein paar vereinzelte Väter drückten sich auch verlegen auf dem Bahnsteig herum. Endlich war es soweit, die sehnsüchtig Erwarteten krabbelten mit Sack und Pack aus dem Zug und wurden, kaum daß ihr Fuß den Bahnsteig berührte, überschäumend umarmt und niedergeherzt – beziehungsweise niedergeküßt! Nur ich wurde am Niederherzen und -küssen gehindert. Mein Filius schritt stolz und unnahbar, mit einem flüchtigen „hey!" an mir vorüber. Ich zottelte geknickt in etwa drei Meter Abstand hinter ihm her (fast wie arabische Frauen als Geste des Respekts und der Rangfolge hinter ihren Macho-Männern!). Mein demütiges Angebot, Teile des Gepäcks zu schleppen, wurde ungeduldig abgewehrt: „Sei doch nicht so tuttelig!" (Tuttelig wird von dem Wort „betutteln", und das bedeutet übertrieben fürsorglich und damit lästig sein, abgeleitet.) „Ich kann den Kram schon allein tragen, du hättest mich gar nicht abholen müssen!"

Das ist z. B. „Demutsprogramm": Der Sohn geniert sich! Geniert er sich meiner? Nein, er will lediglich nicht vor versammelter Mannschaft (erst recht nicht vor den „Mädels") wie ein Kleinkind behandelt werden! Seine mühsam erkämpfte Autonomie und Unabhängigkeit soll gewahrt bleiben, „Ausrutscher" im engsten Familienverband mögen ja noch angehen, da darf auch mal ganz ab und zu geherzt und geküßt werden, aber öffentlich ist das ein absolutes Tabu! Das ist nicht nur lästig, das ist geradezu imageschädigend!

Ein ganz besonders krasser Fall war da mein Ältester. Er wollte nicht einmal akzeptieren, daß seine „Altvorderen" zur Abiturfeier kommen! Antiquierter Schnickschnack sei das! Heute würde ich mich, „Demutsprogramm" hin, „Demutsprogramm" her, eisenhart darüber wegsetzen!

Oder die Tochter, die ihren Liebsten zum erstenmal mitbringt und mir vorher unmißverständlich mitteilt: „Laber bitte nicht an ihn hin, wenn er heute abend kommt, und dränge ja auch nichts zum Essen oder Trinken auf!" – Wow! Da hab ich's nun! Auch das ist „Demutsprogramm"!

Oder: Ich gehe zum Elternsprechtag der Schule (ich bin bei dieser Gelegenheit immer besonders stolz auf mein diplomatisches Geschick!) und der Knabe fordert: „Ziehe dich bitte unauffällig an und mach' dir nicht diese komische Frisur! Beziehungsweise: „Fang' bitte nicht bei Adam und Eva an, der ganze Kram interessiert nicht!"

Das alles ist „Demutsprogramm"! Und es ist erst die Spitze des Eisbergs. Denn das echte „Demutsprogramm", das wo's wirklich schlimm wird und unter die Haut geht, das liefern uns nicht die Kinder, das besorgen dann andere. Die einzige Parallele dabei ist, daß es ebenfalls fast immer die Menschen sind, die wir besonders lieben oder schätzen! Und deshalb bleibt das „Demutsprogramm" immer eine harte Nuß!

Muttertag
(15. Mai)

Das war also dein „Tag"! Nicht vergessen, du bist eine glückliche Mutter! du hast *vier* wunderbare Kinder mehr oder weniger gut durch mannigfaltige Fährnisse, freud- und leidvolle Erfahrungen geleitet, du hast allen Grund froh, dankbar und glücklich zu sein an diesem deinem „Ehrentag"! Aah! Muttertag! Was für ein Wort, was für ein Tag! Jaa, du hast es wirklich verdient, daß sie dir diesmal das Frühstück ans Bett bringen! Lieber Gott mach, daß sie's wirklich tun! Nur dieses eine Mal! – Was, schon fast elf?? Noch immer kein duftender Kaffee, und wo bleibt der blühende Wiesenstrauß, der mir signalisiert: „Mama, wir lieben dich!"? Nicht nervös werden. Sicher haben sie sich nur ein wenig verspätet. Bleib' noch ein bißchen liegen, ganz entspannt. – Fast zwölf! Verdammt, wo bleibt der ganze Verein? Na gut, schwing deinen müden Hintern aus dem Bett und guck nach. Sicher haben sie sich was ganz besonderes ausgedacht für diesen deinen Jubeltag!? – Was, zwei sind schon ausgeflogen, und dein Auto haben sie praktischerweise gleich mitgenommen? Die Tochter schläft den Schlaf der Gerechten, tief und fest! Freue dich darüber – nichts geht über gesunden Schlaf! Aah, endlich, da kommt dein Jüngster! „Gibt's hier heute kein Frühstück?!" Oh, ein kleiner Brief an mich, mitten auf dem Küchentisch: „Haben uns deinen Wagen geborgt. Sind spätestens heute abend gegen 22 Uhr zurück! Was für ein Glück, daß du nicht so spießig bist, diese ganze Muttertagsscheiße! Also, Ciao Mama – bis bald!"

Ja, du darfst dir auf die Schulter klopfen! Nicht so spießig wie andere, das ist doch etwas! Woher kommt's bloß, daß du losheulen könntest? Hast *du* nicht selbst den sogenannten „Muttertag" lächerlich gemacht? Kommst wohl langsam in die Jahre? *Wie* sonst ist's zu erklären, daß gerade *du* heute dein Frühstück so liebend gerne ans Bett serviert haben wolltest? Werden wir langsam alt, sentimental, oder was ist sonst nicht in Ordnung? *Du,* als alte

Achtundsechzigerin? Establishment? Au je! Groll im Herzen, Trauer im Blick schiele ich auf meine Nachbarn zur Linken: Der ganze Familienverband, die Mutter in der Mitte, auf dem Marsch zur nächsten Pizzeria – die Gute, die Liebe soll an ihrem Jubeltag mal so richtig verwöhnt werden!

Ja, das ist es, glaube ich: *Ich* will auch mal von euch verwöhnt werden, und sei's nur an diesem verdammten, dämlichen Muttertag! Habt ihr's gehört? Ich will auch die glitschige Pizza von der Pizzeria an der Ecke, will auch, daß ihr euch mal Zeit für mich nehmt!

Was ist nur los mit mir – werde ich langsam drollig?

Fahrradkauf und High Tech
(3. Juni)

Mein Jüngster hat sich ein Fahrrad gekauft. Von seinen „Ersparnissen"! Alles vom Feinsten: Sechzehn Gänge, alle Schikanen, die denkbar sind, und auch das Design ist absolute Spitzenklasse. Ein Fahrradtraum für nur knappe zweitausend Mark! „Fast geschenkt, wenn man bedenkt, was alles dran ist!" Ich spüre, wie mein Adrenalinspiegel steigt. „Soll ich euch mal erzählen, wie das zu meiner Zeit war? (Das genervte Gestöhne: „Oh, bloß nicht schon wieder!" überhöre ich gefliessentlich.) Mit fünfzehn bekam ich mein erstes, eigenes Fahrrad. Es war ein weinrotes holländisches Tourenrad. Es hatte keine Gänge und bestach durch seine Einfachheit und Schlichtheit! Für mich war es das schönste aller Räder, und ich fühlte mich wie die absolute Queen!"

„Zu meiner Zeit ..." – Aufhören, ganz schnell aufhören! Weißt du nicht mehr, wie genervt du immer warst, wenn deine Großmutter dir endlos erzählte, wie sie und ihre zahlreichen Geschwister sich an Weihnachten, an Geburtstagen und diversen anderen

Festtagen bescheiden, glücklich und nahezu bedürfnislos an einem rotbackigen Äpfelchen, ein paar Nüssen und einem Pfefferkuchen erfreuten? Und jetzt ertappst du dich selbst dabei: „zu meiner Zeit ..." – Natürlich war da alles besser. Die lieben Kinder waren bescheidener, du selbst natürlich an vorderster Front! Mit ihren Eltern gingen sie respektvoll um, kleine Pflichten im Haushalt übernahmen sie zuverlässig, um nicht zu sagen freudvoll etc., etc ... Daß du nicht auch behauptest, sie sprachen nicht mit vollem Mund und bohrten nie in der Nase, ist so ungefähr das einzige, was man dir noch anrechnen kann. Und du bist ganz sicher, daß es so war? – Laß es trotzdem ganz schnell sein, denn erstens nervt es enorm und zweitens bringt es nichts! Deinen Kindern ist es absolut gleichgültig, wie bescheiden, fleißig etc. du in grauer Vorzeit warst. Sie leben ganz im Hier und Jetzt, und gestern ist ein Eimer voller Asche! Man mag es bedauern, aber wir leben in einer absoluten Konsumgesellschaft. In den Medien wird Konsumieren und Genießen als der Eckpfeiler zur Glückseligkeit gepriesen. Gut, unsere Wünsche waren um einiges bescheidener, aber ob dies wirklich unserer Tugend zu verdanken war oder ob es mehr der Not gehorchte, das sei dahingestellt. Heute, wo alles machbar, alles erreichbar erscheint, wird es den Kindern nicht leicht gemacht, sich in Bescheidenheit zu üben. Und vergessen wir nicht, es war *unsere* Generation, die all' diese Wunderdinge (Fernsehen, Computer, Video, Fernreisen etc.) forciert und jubelnd begrüßt hat! Ist es da nicht fast Heuchelei, wenn wir dann jammernd und lamentierend unseren Kindern die unverfälschten Reize einer vorgestrigen Welt anpreisen? Solange wir selbst nicht bereit sind, auf die Annehmlichkeiten der modernen Technik zu verzichten, sollten wir es von unseren Kindern schon gar nicht erwarten! Als Vorbild haben wir in diesem Fall doch jämmerlich versagt! Fassen wir uns erstmal an die eigene Nase: Hören wir auf, über Entwicklungen zu jammern, die wir selbst mitverursachen! Unglaubwürdig sind wir, wenn wir selbst nach Burma fliegen, unseren Kindern aber die archaischen Reize einer Wandertour auf Schusters Rappen quer durch den Bayrischen Wald empfehlen. Nehmen wir die Dinge wie sie sind: Freuen wir uns, daß unsere Kinder mit High-Tech und ihren Folgen offensichtlich besser und effektiver zurechtkommen als wir. *Sie* werden auf lange Sicht die Zukunft gestalten, und uns bleibt's Gott sei Dank unbelassen, die Reize von Schwarzwald, Bayrischem Wald oder was auch immer (bei Bedarf auch auf „Schusters Rappen") neu zu entdecken.

Brief an meine Tochter (15. Juni)

Heute ein Wort an dich, meine Tochter. Was haben wir uns oft gestritten und gefetzt, angeschrien und gekränkt! ... Aber danach, die herrlich langen Teestunden, wenn wir uns „aussprachen", uns wieder versöhnten! Diese vertraulichen Gespräche: Ich muß dir gestehen, das alles fehlt mir sehr, seit du nicht mehr da bist! Wir bekakelten deine ersten Dates, schnitten uns gegenseitig die Haare, beratschlagten die Wahl unserer Kleider. Wir waren uns so nah, daß ich mir unser jetziges Verhältnis, so freundlich und doch distanziert, nicht mal im Traum hätte vorstellen können! Teestunden sind rar geworden, vielleicht hast du sie woanders und mit anderen? Das ist in Ordnung, und ich hoffe, es ist so (sagt mein Kopf!). Unsere heftigen Zusammenstöße sind vorbei, und daß wir uns gemeinsam den Kopf über deine kleinen und großen Probleme zerbrechen, auch das ist Schnee von gestern. Ja, du hast recht, manchmal machen wir einen Einkaufsbummel zusammen, aber da gelten jetzt ganz neue Regeln. Meist hast du dir was Flottes ausgeguckt, und ich bin da, um dich zu bestätigen (und wohl in erster Linie, um es zu bezahlen). Das ist auch o.k., sagt mein Kopf. Nur mein Bauch, mit seinem dummen, sentimentalen Gefühl, der sagt etwas anderes. Der sehnt sich manchmal nach den alten Zeiten!

Ich habe nun so viel über meine Erlebnisse, Erfahrungen und Gedanken erzählt, daß ich denke, ich muß wohl auch über eines der wichtigsten und tiefgreifendsten Ereignisse in meinem Leben berichten, über die Adoption meiner Tochter:

Es war ein herrlicher Sommer. Als Julie zu uns kam, war ich 27 Jahre und sie gerade drei Monate alt. Eigentlich war unsere Familie komplett. Da waren die Söhne von acht und sechs Jahren, da war das große Haus mit dem großen Garten und den alten Bäumen, und da war A., anspruchsvoller Ehemann und Vater.

Küche, Kinder, – nicht Kirche, aber vielleicht reichen auch zwei „K's" – alles war vorhanden. Wäre nicht in mir dieser tiefverwurzelte Wunsch nach der glücklichen Großfamilie gewesen. Einziges Kind einer alleinerziehenden, berufstätigen Mutter, war ich früh zur Einzelkämpferin geworden. Kurz gesagt, jetzt, mit 27 Jahren, war ich dabei, mir meinen ureigenen Kindheitstraum zu erfüllen. Als Mutter von vier, besser noch sechs Kindern, wollte ich glückliches, fröhliches Mitglied meiner Traumfamilie werden. Nach zwei Geburten war ich der Ansicht, sowohl das Glücksgefühl einer Schwangerschaft als auch meinen „Nest-und Bruttrieb" zur Genüge ausgelebt zu haben. Und damit wären wir beim Thema.

Gründe, ein Kind zu adoptieren, gibt es viele. Bei mir war es der Wunsch nach einem dritten Kind, wenn möglich einer Tochter. Zur Adoption hatten wir uns ganz bewußt entschlossen. Ein kleiner Mensch ohne soziales Netz sollte bei uns den Schutz und die Geborgenheit einer Familie finden. Euphorisch und voller Tatendrang machte ich mich auf zum hiesigen Jugendamt. Dort wurden meine Erwartungen rasch gedämpft. Erstens hätten wir bereits zwei Söhne und zweitens gebe es kaum Kleinkinder, die zur Adoption freigegeben werden. Doch schließlich gab es das Kinderhilfswerk „Terres des Hommes". Hilfe zur Selbsthilfe ist dort oberstes Gebot. Das heißt, Kindern aus der sogenannten Dritten Welt sollen im eigenen Land und Kulturkreis lebenswerte Bedingungen geschaffen werden. Ist dies nicht möglich, wird eine sogenannte Auslandsadoption in Erwägung gezogen.

In meinen Gedanken ging ich nun schon so lange mit diesem meinem Baby schwanger, daß ich es kaum erwarten konnte, mich den zahlreichen Hindernissen auf dem Weg dahin zu stellen! Es waren psychologische Gutachten über mehr oder weniger gelungene Konstellationen in unserer Familie zu erstellen, es galt, die häufigeren Überraschungsbesuche des Jugendamtes mit Anstand hinter sich zu bringen. Und auch das Besorgen und Übersetzen der zahlreichen erforderlichen Papiere war nicht ganz ohne.

Über all den Bemühungen waren zwei Jahre ins Land gegangen, und die heißersehnte Tochter war noch immer nicht in Sicht! Dafür standen wir inzwischen auf der Warteliste – mit Hunderten weiteren adoptionswilliger Eltern.

Als kleines Phantom geisterte unser „neues" Kind nun schon über zwei Jahre durch die Familie. Aber es sollte noch ein weiteres halbes Jahr vergehen, bis wir ein erstes Zeichen in Form eines Photos erhielten. Ein pausbäckiges, wohlgenährtes Baby lachte uns da entgegen. „Unser Kind" nahm nun greifbare Gestalt an. Die ganze Familie geriet in freudige Erregung. Nervöse Erwartung machte sich breit. Endlich kam die erlösende Nachricht: Unsere Tochter kommt auf dem Flughafen in Paris an. Laut Paß war sie nun drei Monate alt. Was mir dann in den Arm gelegt wurde, sah allerdings ganz anders aus. Ein zerbrechlich-zarter Winzling sah mich aus verschreckten Äuglein an. Mein Kind und ich starrten uns wohl Sekunden stumm an, dann hatte Julie sich blitzschnell, aber unmißverständlich vorne in meinem Pullover festgekrallt. Bei uns beiden war es wohl Liebe auf den ersten Blick! In den nun folgenden Wochen und Monaten mutierten wir zu einer Art von siamesischen Zwillingen. Mußte ich Julie doch einmal ablegen, setzte unweigerlich mörderisches Gebrüll ein. Dieses winzige Energiebündel revolutionierte unser bisheriges Leben. Aus rüden kleinen Burschen wurden vorübergehend zärtlich besorgte große Brüder. Aus einer Mutter mit zwei linken Händen wurde ein Ausbund an Kreativität – wahre Meisterwerke aus Wolle und Perlen entstanden unter meinen Händen. In besonderer Erinnerung geblieben ist mir ein Strampelanzug in den Farben Schwarz, Violett und Pink. Er war ein absolutes Novum in der damaligen Babymode und erregte zu dieser Zeit gewaltiges Aufsehen.

Über Julies Herkunft war nichts zu erfahren, beide Eltern waren unbekannt. So konnten wir uns unbelastet an ihrer Entwicklung freuen. Sie machte es uns wirklich leicht. Ich sah selten ein anmutigeres, fröhlicheres und liebenswerteres Kind. Wir waren die reinen Glückspilze! Als einzigem Mädchen in der Familie fiel ihr sowieso eine Sonderrolle zu. Daran änderte auch die Geburt eines dritten Bruders nur wenig. Besonders beim Vater machte sich das bemerkbar. Bei den drei Söhnen war er nicht halb so geduldig und nachsichtig wie bei Julie.

Die Jahre bis zu Julies Schulbeginn waren unbeschwert und einfach schön. Sie war ein lebhaftes, neugieriges und sehr waches Kind. Ich erinnere mich da an ihr erstes Schuljahr. Von den Mitschülern wegen ihres exotischen Aussehens befragt, ob sie nicht ihre „richtige Mammi" kennenlernen wolle, kam selbstbewußt Julies Antwort: „Ich bin bei meiner richtigen Mammi, du meinst sicher meine biologische Mutter!"

In der Schule war sie der absolute Selbstläufer. Sie machte ihre Schulaufgaben vom ersten Tag allein und mit großem Erfolg. Ihr Ehrgeiz und ihre selbstverständliche Disziplin waren mir manchmal fast unheimlich – das war ich von den „Männern" in unserer Familie nicht gewöhnt.

Da gibt es noch eine andere Sache, die ich vielleicht erzählen sollte. Julie war damals erst fünf. Langsam stellte sich die Frage, wann und wie erzählen wir ihr über ihre Herkunft? Der von mir so gefürchtete „Augenblick der Wahrheit". Wie wird Julie darauf reagieren, daß ich sie nicht geboren habe? Ich hatte mir wunderschöne Geschichten ausgedacht, wie ich ihr zur rechten Zeit mit den rechten Worten, an einem besinnlichen Abend – Julie auf meinem Schoß, die wundersame Geschichte ihres Eintritts ins Leben, in unser Leben, erklären wollte. Doch es kam ganz anders. Eines Tages erschien meine Tochter zornrot und wutschnaubend vom Kindergarten: „Die sind immer so blöd! Wenn du mich morgens bringst, machen die immer so (bei diesem „so" zog Julie ihre schrägen Augen in den Augenwinkeln heftig nach oben), und dann rufen sie: „Die beiden Chinesen kommen!" Der zweite Chinese war offensichtlich ich. Mit meinen schwarzen Haaren und den dunklen Augen war die Ähnlichkeit für alle gegeben. Nun war es also so weit! Ich schleppte den großen Weltatlas herbei und schlug die Karte von Südkorea auf. „Siehst du, mein Schatz ... und dann mit so einem großen, großen Flieger ..." Der „Schatz" nahm die Sache ganz locker und selbstverständlich. Sie fand die Vorstellung einer so großen Reise, und das mit dem Flugzeug, einfach aufregend. Einzige Frage: „Und vom Flugzeug dann in deinen Bauch?" – „Nein, du warst nie in meinem Bauch." Darauf auf's höchste beunruhigt: „Ja, in welchem Bauch war ich denn dann?" Jetzt endlich konnte ich meine so sorgfältig vorbereitete Antwort geben, und die entsprach auch noch der Wahrheit! „Ich hab mir schon immer eine kleine Tochter wie dich gewünscht. Da hat der liebe Gott dich für uns im Bauch einer ganz lieben Frau in Korea wachsen lassen, und dann hat er dich mit dem Flugzeug zu uns geschickt!" Zu meiner Erleichterung war diese Erklärung für Julie völlig in Ordnung, und die nächsten Jahre kamen keine weiteren diesbezüglichen Fragen.

Julie war inzwischen zehn Jahre alt geworden und besuchte das Gymnasium. Auch dies wieder mit großem Erfolg. Sie war gescheit und beliebt. Ja, sie war sogar zur Klassensprecherin gewählt worden. Die nächsten fünf bis sechs Jahre gingen ohne besondere Vorkommnisse ins Land: viel Spaß und Freude an und mit Julie. Mancher Ärger über Julie und auch einiger Zoff mit Julie. Also die ganz normalen Verrücktheiten zwischen Eltern und ihren heranwachsenden Kindern.

Doch dann tauchten plötzlich die alten Fragen wieder auf. Julie macht sich immer häufiger über ihre Herkunft Gedanken. Wer waren ihre leiblichen Eltern? Wo sind ihre Wurzeln? Orient oder Okzident? Oder ist sie die geglückte Symbiose aus beidem? Eine glückliche Kosmopolitin? Fragen über Fragen und kaum eine befriedigende Antwort. Wir redeten uns nächtelang die Köpfe heiß. Meine Vision, ein so begabtes und schönes Menschenkind stamme wohl von entsprechenden Eltern ab, wird von ihr meist nach kurzer Prüfung als unbefriedigend verworfen. Warum hat sie mich dann einfach ausgesetzt? Diesen tiefen Schmerz kann auch meine Feststellung nicht mildern, daß diese Mutter sie sehr wohl geliebt haben müsse, hätte sie sonst ihr Kind gezielt zum Englischen Hospital getragen, dorthin, wo Rettung gewährleistet war? Meist beendete Julie solche Überlegungen mit der lapidaren Feststellung: „Wahrscheinlich besser, ich lerne sie nicht kennen, denn ganz sicher wäre das eine Riesenenttäuschung." Doch das war nur die halbe Wahrheit. Ich spürte, hier war etwas aufgebrochen, was wohl ein lebenslanger Schmerz bleiben wird. Julie wird damit leben müssen.

Wahrscheinlich bedeutet wohl diese Trennung zwischen sozialer und leiblicher Identität für fast alle Adoptivkinder ein Konflikt. Je mehr das Kind sich in seine Adoptivfamilie integriert hat und eingebunden fühlt, um so kleiner stellt sich dieses Problem dar. Ich hätte zu diesem Problem gerne andere Adoptivmütter oder -eltern befragt. Leider war dies nicht möglich. Ich stieß auf eine merkwürdige Mauer des Schweigens. Fast, als hätte ich an ein Tabu gerührt. Wovor diese Angst? Ich bin überzeugt, ein Kind, das sich in „seiner" Familie ganz und gar angenommen und geliebt weiß, wird durch keinen noch so offenen Bericht über seine Adoption seelischen Schaden nehmen. Adoption ist schließlich kein Makel, sondern ein verhältnismäßig seltener Weg, zu Eltern zu kommen.

Natürlich habe ich meine Tochter um ihr Einverständnis zu diesem Bericht gefragt. Schließlich ist es unsere gemeinsame Geschichte.

Sie war einverstanden, hat sich allerdings vorbehalten, am Schluß einige ergänzende oder korrigierende Sätze anzufügen. Julie ist inzwischen 19 Jahre. Sie studiert im zweiten Semester Kunst und wohnt nicht mehr bei mir zu Hause. Trotzdem (oder vielleicht gerade deshalb?) haben wir beide einen ganz besonderen Draht zueinander. Sehr eng, sehr vertraut und fast ein bißchen distanzlos. Das hat manchmal seinen Preis. Da fliegen dann die Fetzen, und wir werfen uns dann Dinge an den Kopf, die andere Töchter bzw. Mütter nicht einmal zu denken wagen. Julies einziger Kommentar zu unseren Schrei- und Chaosorgien: „Das spricht für die Tiefe unserer Beziehung. Wer traut sich das sonst?"

In solchen Momenten bin ich dann sehr dankbar, daß uns zweien eine solche Beziehung gelungen ist. Das ist gar nicht so selbstverständlich, wenn man so die Umstände betrachtet: Da ist zum Beispiel meine Scheidung vor fast zehn Jahren und dann der Umstand, daß sich Julie danach in der neuen Konstellation – Mutter nebst Freund – nicht zurechtfand. Die beiden konnten so gar nicht miteinander, und es spielten sich bei uns Dramen ab, die jeder klassischen, griechischen Tragödie Ehre gemacht hätten! Aber unser Draht ist nicht gerissen und dafür: „Danke, mein Mädchen, daß es dich gibt, daß du meine Tochter bist. Und laß uns dafür sorgen, daß der Draht nie reißt!"

Julie: „Du hast im großen und ganzen bereits alles gesagt – bis auf ein paar Kleinigkeiten: Ich kann mich zum Beispiel ganz genau an meine Ankunft erinnern. Ja, lache nur, das ist möglich, obwohl ich da erst drei Monate alt war. Ich erinnere mich zum Beispiel, daß die Sitzbezüge im Auto schwarz waren, aus einer Art Kunststoff mit Vertiefungen (stimmt, ich hatte zwar nie mehr daran gedacht, aber es stimmt!). Ich weiß noch, daß ich Angst hatte und ein Gefühl von Verlorenheit. Dann hast du dich über mich gebeugt. Du warst sehr braun und hattest lange, schwarze Haare und etwas Buntes im Haar (stimmt auch, braungebrannt von den Ferien in Südfrankreich, das Bunte war eine Schleife). Ich wußte sofort, meine Mutter ist wieder da, alles ist in Ordnung. Und ich war sehr glücklich.

Du schreibst, die unheilbare Wunde der unbekannten Herkunft bringe mich zur Suche nach meiner leiblichen Mutter. Nein, das ist keine Wunde, es ist einfach große Neugier. Nun zu unserer großen Nähe. Die ist wirklich groß, und das ist sehr schön! Aber, ich glaube, die hätten wir auch, wenn du nicht meine Mutter wärst. Wir sind uns einfach in unserem Denken und Fühlen sehr ähnlich. Das erzeugt dann diese fast unheimliche Vertrautheit und Nähe. Früher war ich traurig, daß ich diese Nähe nicht auch zu meinem Vater hatte. Ich dachte dann, vielleicht ist das, weil ich adoptiert bin? Heute weiß ich, daß dies nichts damit zu tun hat. Zum Teil liegt es daran, daß ich ein Mädchen bin, aber das ist es nicht allein, denn von einem meiner Brüder weiß ich, daß es ihnen ähnlich geht. Mit der Feststellung, ich sei eine Kosmopolitin, hast du völlig recht. Ja, ich fühle und denke nicht deutsch und auch nicht asiatisch, aber vielleicht ‚gesamteuropäisch'? Adoption finde ich gut und wichtig. Denn ohne Adoption wäre ich wahrscheinlich gar nicht mehr am Leben. Manchmal fühle ich mich einsam. Aber das geht jedem Menschen so und ist nicht spezifisch für eine Adoption. Zum Schluß zu unserem Draht, du hast ihn mehrfach erwähnt, keine Sorge, ich denke, der kann nicht mehr reißen!"

Soweit Julie vor zwei Jahren! Und wie sieht es heute aus? Der „Draht" ist zeitweise fast gerissen! Mein Kind hat die „unheimliche" Nähe aufgekündigt! Und ich habe es ihr zeitweise recht schwer damit gemacht! Wollte ich doch nach einer weiteren gescheiterten Beziehung diese Bastion der Solidarität nicht auch noch verlieren! Doch mein Mädchen ist stark! (Wäre sie sonst *meine* Tochter?) Sie hat sich eisenhart von ihrer „klammernden" Mutter befreit. Obwohl ich mein Festhalten so geschickt getarnt hatte; ich war immer abrufbereite Retterin in der Not! Ob es um finanzielle oder sonstige Hilfe ging! Als wahrer „Rettender Engel" trat ich bei Liebeskummer und anderen seelischen Blessuren in Erscheinung! Da lief ich zu wahrer Hochform auf! Bei körperlichen Wehwehchen konnte selbst zu nachtschlafender Zeit mit meinem unermüdlichen Einsatz und meiner Fürsorge gerechnet werden! Ich fieberte diesen Einsätzen sozusagen entgegen! Alles vorbei! Mein „Kind“ hat plötzlich seine Geheimnisse nicht mehr mit mir geteilt, die kleineren und größeren „Leiden“ allein kuriert und mir die Grenzen gezeigt, manchmal fast brutal, wie es mir schien! Wie habe ich gelitten, wie habe ich gehadert (oh, Undank, womit hab ich dich verdient?) Ich saß im Schmollwinkel und war gekränkt! Heute bin ich froh, denn das war wohl überfällig – im beidseitigen Interesse! Nein, ich bin nicht die „beste Freundin“ meiner Tochter, ich bin ihre Mutter, mit deren Eigenheiten und Macken sie sich arrangiert hat, so wie ich mich mittlerweile mit ihren! Manchmal sehen wir uns, dann ist es meist schön, und wir genießen es! Manchmal sehen wir uns länger nicht – besonders wenn es Julie sehr gut geht! Untrügliches Zeichen!

Neulich war ich ernstlich krank, und da war sie es, die plötzlich für mich da war, mich in die Klinik begleitete und mich aufrichtete! Vertauschte Rollen, sie sorgte für mich! Es war eine neue Erfahrung, und es war ein gutes Gefühl! Distanz ist inzwischen genügend da, und die „Nähe“ reicht in wichtigen Situationen völlig aus! Unsere Beziehung hat sich normalisiert, und den romantischen Schleier hat Julie mit kräftigem Ruck heruntergerissen, damit wir beide einen klareren Blick bekommen und jede ihre Unabhängigkeit und Freiheit hat! Ich fürchte, ohne „Holzhammer“ hätte ich noch länger an unserer „Symbiose“ festgehalten!

Und noch etwas hat sich verändert. Und das ist viel beunruhigender! Fremdenhaß und Ausländerfeindlichkeit machen sich in diesem unserem Land wieder breit. Minderheiten werden beleidigt, angegriffen, von Ablehnung und Haß verfolgt! Auch Julie bekommt das zu spüren! Im Supermarkt, in der U-Bahn und bei tausend anderen Gelegenheiten! Sie, die deutsch spricht, einen deutschen Paß hat und deutsche Eltern, hier aufgewachsen ist und dieses Land als ihre Heimat betrachtet, sie versteht die Welt nicht mehr! Und wir, voller Scham und Entsetzen über das, was hier passiert, wir können ihr nur begrenzt helfen! Wir können sie vor den Attacken nicht schützen! Ich habe mit einem jungen Mann gesprochen, der ebenfalls als Baby nach Deutschland kam, auch er ein Adoptivkind deutscher Eltern. Seine schlimmen Erlebnisse haben sein Leben und seine Zukunftspläne zunichte gemacht. Er will sein Studium aufgeben, zurück in sein Geburtsland gehen, dessen Sprache er nicht spricht und nicht versteht. Er beginnt Deutschland, das Land seiner Kindheit, zu hassen. Er sagt, er fange an, sich als Indianer zu fühlen, obwohl seine frühen Wurzeln hier sind! Ich hoffe, daß Julie es schafft, sich zu behaupten, und ich hoffe sehr, daß ich ihr dabei helfen kann. Und am meisten hoffe ich, daß in diesem Land wieder Menschlichkeit regiert und Platz und Heimat für alle Menschen ist, gleich welcher Hautfarbe und Nationalität! Daß wir alle zu „Kosmopoliten" werden, wie Julie!

Der steinige Weg der „Selbstfindung"
(20. Juni)

Wie findet man seine eigene Identität? Es gibt Leute, die wurscheln mit Vierzig noch daran herum, andere schaffen es nie, merken es aber Gott sei Dank nicht, und dann gibt es die sogenannten „Heranwachsenden", die sich wacker mit ihren Erziehungsberechtigten harte Gefechte zwecks Selbstfindung liefern. Handelt es sich bei letzteren um gutsituierte Menschen in etablierten, bürgerlichen Berufen, so fällt das Anderssein, das Abgrenzen zwar auch nicht gerade leicht, aber die Mittel und Methoden, Erzeuger und weitere liebe Mitmenschen zu provozieren beziehungsweise zu schockieren, sind verhältnismäßig leicht umzusetzen und anzuwenden. Oft genügen schon ein paar grüne oder violette Härchen oder ein Paar deftige Springerstiefel, um den gewünschten Effekt zu erzielen. Auch völliges Kahlscheren des Haupthaares oder auch das Gegenteil, die absolute Verweigerung eines ordnenden Kammes oder einer kürzenden Schere, führen schon zu durchaus respektablen Erfolgen. Was aber tut so ein armer Wicht, wenn die eigenen Erzeuger selbst „Paradiesvögel" (sprich: unangepaßt oder unkonventionell oder gar beides) sind? Da wird es schon entschieden schwieriger, Selbstdarstellung und Provokation auf die Reihe zu bringen. Doch die lieben Heranwachsenden brauchen nicht zu verzagen. Es gelingt ihnen mit ein wenig gutem Willen, ein bißchen Phantasie und einer Prise Psychologie immer. Dies ist notwendig, um die absolut empfindlichen Stellen der Oldies zu orten! Auch meinen beiden Ältesten ist dies vorzüglich gelungen. Allerdings auf grundverschiedene Art.

Nie werde ich den Morgen vergessen, der der Einstieg sein sollte für noch viele, viele weitere Morgen mit ähnlicher Inszenierung. Doch nie mehr war der Erfolg auch nur annähernd so durchschlagend wie an diesem ersten Tag! Die ganze Familie (oh, Wunder!) war zum Sonntagsfrühstück versammelt. Nur einer fehlt, unser Ältester. Kräftige Schritte auf der Treppe, alle Köpfe fliegen herum (Daniel hatte schon immer Sinn für Wirkung!). Und da ist er! Tarzan persönlich, mitten unter uns! Sich in den Hüften wiegend, die Muskeln gespannt, schreitet Daniel, angetan mit einem winzigen Tiger-Slip, gemessen die Treppe herab. Der Vater läßt den Eierlöffel auf halbem Weg zum Mund sinken, fünf Augenpaare starren ungläubig zur Treppe. Da öffnet unser Familienschwarzenegger den Mund: „Ein gesunder Geist in einem gesunden Körper!" (wie schon die alten Griechen sagten). Die Geschwister prusten los und kichern, aber den Vater hat er an empfindlicher Stelle getroffen. Ein Sohn, der fortan „Bodybuilding" zum Hobby erkoren hat, ist ihm nicht nur fremd, der ist ihm suspekt! Selbst Schöngeist und Ästhet, stellt diese Sportart für ihn die absolute Absage an Geist und Verstand dar: primitiver Kannibalismus! Mit untrüglichem Instinkt hat der Filius seine

Achillesverse gefunden. Daß es für den Zweitgeborenen nach dieser Meisterleistung in Sachen Ablösung noch schwieriger war, versteht sich von selbst. Galt es nun doch, sich nicht nur von den Eltern, sondern auch noch vom älteren Bruder zu emanzipieren. Da kopieren und nachahmen seine Sache nicht ist, zudem nur mäßige Ergebnisse und minimale Zufriedenheit bringt, schlug er gleich den konträren Weg ein. Ausgestattet mit den abscheulichsten Nyltesthemden, die es je gab (es ist mir heute noch ein Rätsel, wo er die überhaupt auftrieb!), die Haare akkurat gescheitelt und so gekürzt und verschnitten, daß es an Selbstverstümmelung grenzte, eine Polyesterkrawatte von unsäglicher Farbe und Musterung eng um den Hals gewürgt, das Ganze abgerundet durch ein zu enges, tailliertes Jackett dubioser Herkunft, verließ er morgens das Haus in Richtung Schule, seine schwarze Wachstuchmappe, Marke Steuerfahnder, unter den Arm geklemmt. Die entsprechenden Photos aus dieser Zeit lösen heute noch große Heiterkeit aus.

Vollständigkeitshalber muß erwähnt werden: Damals fehlte mir beim Anblick meiner beiden stolzen Exemplare allerdings der nötige Humor! Noch heute erinnere ich mich mit Schaudern der vielen Szenen, meiner eigenen Ohnmacht und Hilflosigkeit. Hätte ich die Früchte meines mütterlichen Stolzes der staunenden Umwelt doch zu gerne so ganz und gar anders präsentiert!

Zwischen „Abhängigkeit" und „Ablösung" (5. Juli)

Daniel kommt die Treppe herunter. „Sag' mal, Lilo" (er weiß, daß ich es nicht ausstehen kann, von meinen Kindern mit „Lilo" angeredet zu werden!), „findest du nicht auch, daß wir hier zu eng aufeinander hocken? Ich meine ja nicht vom Platz her, eher emotional! Ich mag euch ja alle mehr oder weniger, aber daß man hier nie völlig ungestört und für sich ist, das macht mich manchmal richtig aggressiv! Nein, es reicht eben nicht, daß ich meine Türe zumachen kann, ich höre und spüre euch ja trotzdem! O.k., du verstehst das wahrscheinlich nicht, dir kann's ja nicht eng genug sein, du bist ja erst dann glücklich, wenn der ganze Verein hier herumhängt! Jetzt schau nicht so, ich meine es ja nicht böse, ich hätte ganz einfach manchmal gerne eine kleine Wohnung für mich! Noch was, mein Taschengeld ist schon wieder alle! Das reicht einfach hinten und vorne nicht, ich muß ja jetzt auch noch das Tanken bezahlen. Rede du doch mal mit dem Haushaltsvorstand, ob da nicht endlich Zulagen fällig sind!? Mein Gott, jetzt bist du schon wieder beleidigt! Drei Kreuze werde ich schlagen, wenn dieses Rumgepopel um jede müde Mark mal ein Ende hat!"

Warum haben Eltern und ihre fast volljährigen Kinder so oft Zoff (oder betrifft das nur mich?), und warum geht es dabei so häufig um Geld? Fast wie in alten Ehen! Ich glaube, daß das Ungleichgewicht zwischen innerer Ablösung und äußerlicher Abhängigkeit den Zündstoff liefert. Finanziell und wohnraummäßig vom Wohlwollen der Eltern abhängig, entstehen leicht Abhängigkeiten, die durch mehr oder weniger willkürliche Manipulationen, Strafen, Entzug, Verbote und Einschränkungen verschiedenster Art nicht unbedingt einer friedlichen Koexistenz dienen. Die Chance, diese Spannungen durch ein verändertes, adäquateres Verhalten zu verringern, liegen in erster Linie bei uns, den erwachsenen Eltern! Daß dabei so elitäre Sätze wie: „Solange du die Füße unter meinen Tisch streckst, wird gemacht, was ich sage", nicht nur unangebracht, sondern dumm sind, brauche ich wohl nicht erst zu erwähnen. Solche Sprüche sind Erpressung pur, sie erzeugen lediglich Agression auf der Gegenseite (zu recht) und machen ein differenziertes Gespräch unmöglich. Eltern sind schließlich keine Kolonisatoren und Sklaventreiber! Natürlich kann einem bei den provokanten Unverschämtheiten mancher Kids der Hut hochgehen, und die geforderte Selbstbeherrschung, Fairneß und kooperatives Verhalten grenzen dann schon an

Selbstverleugnung! Freche Anwürfe mit einem Angebot für mehr persönliche Freiheit und Selbstbestimmung zu beantworten, erfordert ein gerüttelt Maß an Überwindung. Trotzdem bin ich überzeugt, daß nur Vertrauen in die Eigenverantwortlichkeit der jungen Leute ein Weg aus der Sackgasse ist. Daß dazu auch ein nicht zu kleinlich bemessener finanzieller Spielraum gehört, ist Voraussetzung. Der ewige Kleinkrieg hört auf, die Nerven werden geschont und das noch erforderliche Zusammenleben wird mit Sicherheit entspannter und heiterer. Vergessen wir doch nicht, der Großteil der Achtzehn- bis Zwanzigjährigen hockt ja nicht bei uns im heimischen Nest, weil er es da so kuschelig und herrlich findet, sondern mehr oder weniger „der Not gehorchend". Miniwohnung nebst separater Haushaltführung ist für viele Eltern schon bei einem Kind schwer finanzierbar und für Eltern mit mehreren Kindern fast unmöglich.

Heute habe ich meinen Grübeltag! Seit meine Söhne feste Freundinnen haben und seitdem diese mehr oder weniger zur Familie gehören, denke ich häufiger über sogenannte „Beziehungskisten" (so der Jargon der Söhne) nach.

Ich kann das Wort „Beziehungskiste" nicht ausstehen! Für mich ist eine „Beziehungskiste" eine Kiste, in der Gefühle wie Liebe, Zärtlichkeit, Rücksichtnahme, Vertrauen zu Grabe getragen werden, also so eine Art von „Sarg" für alles, was sich auf Herz, auf Schmerz und andere der reinen Logik fremde Gefühle bezieht. Den Mut oder besser die Naivität, sich wieder und wieder auf dieses gefährliche und undurchsichtige Gefühlschaos einzulassen, haben in der Regel nur wir Frauen! Männer, auch die noch ganz jungen, haben sich meist schon ganz früh auf den reinen Logos, (sprich: „Verstand") eingeschossen und stricken damit wacker am endlosen „Geschlechterkampf" mit, dem Hauptübel Nummer eins bei den wechselseitigen Mißverständnissen und Schuldzuweisungen! Solange die Kerle sich weigern zu begreifen, daß Intuition und Gefühl nicht zwangsläufig dem weiblichen Geschlecht vorbehalten sind, wird sich am Dauerkrieg beider Seiten nur wenig ändern! Würden diese verblendeten Typen auch nur ansatzweise zur Kenntnis nehmen, daß diese „Gefühlsebene" Hand in Hand mit dem sogenannten „männlichen" Logos (daß jedes halbwegs intelligente weibliche Wesen diesen „Logos" ebenfalls reichlich zur Verfügung hat, hat sich bei vielen Männern noch nicht herumgesprochen!) beiden Seiten ganz neue Dimensionen eröffnet, ein Tor zum „verlorenen Paradies", dann wäre schon viel gewonnen! Doch das würde Mut erfordern, den Mut, Frauen in *ihrer* Stärke anzuerkennen und das gegenseitige Wachstum zuzulassen, anstatt durch Lächerlichmachen und Abwerten bzw. Abwehren diesen Wachstumsprozeß zu sabotieren und zu verhindern (sei es aus eigener Angst vor Gefühlen, aus Schwäche oder aus Hybris und Selbstüberschätzung)!

Doch schau mal erst vor der eigenen Haustür nach, bevor du kluge Gedanken und Ratschläge unters Volk bringst! Und was sehen wir? Drei muntere Jung-Männer, Machos und Chauvis in Reinkultur! Und wer hat es da offenbar wider besseren Wissens nicht geschafft, aus diesen Knaben „beziehungsfähige", soll heißen gleichberechtigte, partnerschaftliche Männer zu machen? Ja, das warst wohl du, ihre Mutter!

Da wäre zuerst einmal Daniel mit seiner Usch! Sie ist acht Jahre jünger als er, bewundert ihn grenzenlos und verleugnet die eigenen Wünsche und Bedürfnisse bis zum Exzeß. Denn würde sie das nicht tun, er würde sich umdrehen und gehen! Manchmal sehe ich ein verräterisches Blitzen in ihren Augen, aber ihre sanften Worte strafen den wilden Blick Lügen! Sie hat ihre Lektion gelernt und verinnerlicht, denn schließlich liebt sie ihn und will ihn nicht verlieren. Sein „scherzhaft" hingeworfenes: „Entweder es paßt, und du gewöhnst dir die ‚Zicken' ab", (wobei mit „Zicken" hauptsächlich Uschs Eifersuchtsattacken gemeint sind, an denen er nicht ganz unschuldig ist!) „oder: ‚andere Mütter haben auch schöne Töchter', schließlich soll man ja zusammen Spaß und nicht Streß haben!"

Dann ist da Justus mit seiner Freundin! Sie kommt aus einem anderen Kulturkreis, aus einem Land, wo das Frauenbild ein völlig anderes ist! Zwar hat sie hier in Deutschland studiert, trotzdem haben Erziehung und Elternhaus ein Vorbild vermittelt, das ihr den Umgang mit meinem Machosohn erleichtert. Nur ihre Erwartungshaltung, daß eine Beziehung unweigerlich zu Ehe und Familie führt, macht meinem Freiheitsfanatiker schwer zu schaffen! Sein Weltbild heißt: Beziehung ja, aber nur wenn auch die Frau in jeder Hinsicht für sich allein einsteht! Dieses Für-sich-allein-Einstehen meint in erster Linie „finanziell", und damit sind die Weichen bereits gestellt, denn für Familiengründung bleibt da kein Raum! Wie sollen Kinder aufwachsen, wenn die Mutter nicht wenigstens vorübergehend ihren Beruf an den Nagel hängen kann?!

Aber diese Frage stellt sich sowieso nicht. Justus' unumstößliche Ansicht: „Nur noch Idioten heiraten. Und wenn's denn unbedingt sein müßte: *nie* ohne Ehevertrag!"

Mein Jüngster mit seinem Schatz ist hinreißend! Romeo und Julia pur! Das Herz geht einem über, wenn man die beiden sieht! Doch trotz seiner erst achtzehn Jahre ist er sich sicher: „Du mußt Grenzen ziehen, sonst wirst du über den Tisch gezogen!" (Daß er bei dem „Tischziehen" in erster Linie an Mädchen denkt, ist wohl nicht erklärungsbedürftig!)

Dazu meine Freundin Roswitha: „Du hast mit deiner Erziehung genug Unglück in die Welt gebracht! Deine drei Machos werden Dutzende von Mädchen kreuzunglücklich machen! Was hast du dir nur dabei gedacht? Ich meinte immer, du wärst ‚auf dem Weg'?!"

Bin ich, bin ich, liebe Roswitha! Zwanzig Jahre habe ich Solidarität, Partnerschaftlichkeit und Gleichberechtigung vorgelebt! Learning by doing! Fehlanzeige! Ich habe meine Söhne bewußt „pro" und nicht „contra" erzogen, habe immer das neue Partnerschaftsbild vor Augen gehabt und versucht, sie für die Probleme der Frauen in der Gesellschaft zu sensibilisieren! Was kam heraus? „Macho – Macho", alle drei mit Köpfchen und Witz und Charme, aber ... Vielleicht ist's doch nicht ausschließlich Erziehungssache, vielleicht spielen doch auch die männlichen Gene und Erbanlagen eine Rolle? Jetzt sind die Mädchen gefordert, jetzt müssen sie die Grenzen ziehen und ab und zu in den Kampfanzug steigen! Wer weiß,vielleicht geht meine Saat dann doch noch auf?

Chili und „irre" Filme (9. Juli)

Frage meiner Tochter: „Du, Mammi! Samstag kommen ein paar Leutchen; könntest du da dein tolles Chili und danach vielleicht den Kokospudding ...?"

Klar, kann ich. Habt ihr's gehört? *Mein* tolles Chili! Da wird mir ganz warm ums Herz, wer möchte da noch ablehnen?

„Ach, noch was, du kannst dir ja was Nettes vornehmen, wenn alles fertig ist. Im Moment laufen ganz irre Filme! Du weißt ja, wenn die Alten immer durchschlappen, ist die Stimmung so krampfig!"

Wer will schon krampfige Stimmung bei den Gästen seiner Lieben? Keine Frage, ich werde anschließend einen dieser „irren" Filme sehen.

Samstagnachmittag: Ich köchel schon geraume Zeit so vor mich hin, und während ich tränenden Auges das dritte Pfund Zwiebeln häute, komme ich ins Grübeln: Warum mache *ich* das alles, und warum hilft sie nicht wenigstens? Habe ich vielleicht das bekannte Wochenendsyndrom, diese innere Leere, dieses Vakuum, das ich dann dankbar mit Chili, Kokospudding und Schokosoße auffülle? Nein, im Gegenteil, ich lechze nach diesen Wochenenden (schließlich bin ich die ganze Woche berufstätig): endlich lesen, in der Badewanne liegen, dösen, ein bißchen mit Freunden ratschen und, und, und ...

Aber ich bin mal wieder in meine eigene Falle getappt: Das

kleine Luder weiß genau, wo ich zu packen bin: „Dein Chili ist einfach einsame Spitze!" schmeichelt sie. Und Gebrauchtwerden ist sowieso meine Macke! Klar helfe ich ihr bei ihrer Einladung, schließlich habe ich da ja mehr Knowhow! Und helfen? Sie läßt sich den ganzen Nachmittag nicht blicken, taucht aber zwanzig Minuten vor der zu erwartenden Gästeschar auf, um ihr kritisches Auge über Tisch und Herd schweifen zu lassen. „Hast du fein gemacht!" Liebevoll (oder ist's gönnerhaft?) werde ich getätschelt. Sogar eine Kinokarte hat sie vorsorglich für mich besorgt! Halb belustigt, halb nachdenklich schlüpfe ich in meinen Mantel, und das erleichterte „Ciao Mama, bis bald!" kommt mir diesmal schon fast vertraut vor!

Hilfsdienste, Dienstleistungen und ihre Folgen (12. Juli)

Ich war heute mal wieder zum Ausjammern bei meiner lieben Freundin Greta! Aaah, tat das gut: Balsam für mein gekränktes Mutterherz! Wie beruhigend zu hören, daß nicht nur die eigene Brut egomanisch und rücksichtslos ist, nicht nur ich zickig bin. Zickig sind offenbar alle Mütter! Warum eigentlich? Da schütten wir Nonstop das Füllhorn der Liebe und Großmut über sie aus, ersticken sie fast mit Liebesgaben und Hilfsdiensten (natürlich in der Hoffnung, dafür hochherzig honoriert zu werden!). Dabei ist Liebe kein Geschäft und keine Kapitalanlage, sie läßt sich nicht in „Zuwachsraten" rechnen. Wenn wir das erkennen und wenn wir von dieser Erwartung loslassen, dann haben wir schon viel erreicht. Bieten wir doch nur das an, was wir völlig zweckfrei und aus vollem Herzen geben wollen und können, sozusagen aus eigenem Überfluß. Dann fällt die Erwartungshaltung weg, und wer sich selbst nicht täuscht, der kann auch nicht *ent*-täuscht werden! Da ist's dann Freude und Spaß für beide Seiten, wenn wir aus Vergnügen etwas anbieten, das dann genau so unkompliziert angenommen (manchmal vielleicht auch abgelehnt) werden kann. Ich biete etwas an, das der andere brauchen kann. Na, prima! Das ist für beide in Ordnung! Mütter brauchen sich dann nicht mehr frustriert, enttäuscht und ausgenutzt zu fühlen, und die so Beglückten brauchen keine Schuldgefühle mehr mit sich rumzuschleppen!

Kleiner Nachtrag zum Ausprobieren: Selbst egoistischer werden, mal öfter zuerst an sich denken! Statt der Tochter im Studentenheim die Fenster zu putzen, lieber zum Schwimmen gehen, den sündteuren Badeschaum mal nicht verschenken, sondern sich selbst drin aalen! Und statt dem Sohn einen randvollen Karton Grundnahrungsmittel durch die Tür zu schleppen, mal lieber mit dem eigenen Liebsten toll Essen gehen! Zu sich selbst nett sein, macht nach gewissen Anfangsschwierigkeiten (auch Schuldgefühle genannt) durchaus Vergnügen!

Kommentar meiner Lieben:

„Du wirst in letzter Zeit immer egoistischer! Früher hast du alles sausen lassen, wenn einer von uns vorbeikam, heute ist dir plötzlich jede läppische Vernissage, jeder Kinobesuch wichtig! Früher hast du dich darum gerissen, etwas für uns zu machen, und jetzt ist dir alles zu viel oder du schiebst Arbeitsüberlastung vor! Man könnte glauben, es interessiert dich gar nicht mehr, wie *wir* klarkommen. Du warst immer so süß, hast einen nie hängen lassen, was ist bloß mit dir los?"

Falsch, meine Lieben! Es interessiert mich sehr wohl, wie es euch geht und wie ihr „klarkommt". Und wenn ihr wirklich Hilfe braucht, dann bin ich immer für euch da. Nur habe ich es satt, immer Gewehr bei Fuß zu stehen und zu warten, ob der eine oder andere mal bei mir vorbeischaut und mich „braucht". Laßt es uns doch so machen, wie ihr es mit jedem Freund, der euch wichtig ist, auch macht: Anruf genügt, und wir verabreden uns. Dann bin ich ganz für euch da, und ich freue mich darauf!

Ferienfreuden
(3. August)

Nein, du verdankst es weder deinem liebenwürdigen Charakter noch deiner grenzenlosen Güte, daß diesmal im August gleich drei deiner Kinder mit dir ans Meer fahren.Was heißt hier „mit dir"? Sie trudeln ein paar Tage vor bzw. nach dir (Freundin und Freund im Schlepptau) im von dir angemieteten Domizil (mit Meerblick,versteht sich) ein. Doch, sie finden es „ganz in Ordnung", dies Haus auf Santorin, es liegt direkt am Wasser, der Ort selbst ist hübsch und bietet genügend Abwechslung, das Wetter ist superb (Sonne non stop), kurz, alles bestens, und dich nehmen sie billigend in Kauf (schließlich bezahlst du das Ganze!). Fröhlichem Ferien-Treiben steht somit nichts mehr im Weg! Laß dich bitte durch kleinere oder größere Geplänkel in der ersten Woche nicht irritieren. *Du* willst es nicht anders! Warum sonst weigerst du dich so starrköpfig, Frühstück, Abendessen oder Picknick am Strand als kreative Herausforderung an deine Phantasie und dein Organisationstalent zu begreifen? Ja, sie haben recht, kleinkariert bist du, immer dieses Aufrechnen! Die Mädchen sollen sich an der anfallenden Hausarbeit beteiligen? Und, noch schlimmer (ja wo leben wir denn?), die Jungen auch, obwohl doch ausreichend viele weibliche Hände vorhanden sind?

Also wirklich, laß dir von deinen Söhnen gesagt sein, mit *echter* Emanzipation hat das nichts, aber auch gar nichts zu tun! Das ist lediglich der kümmerliche Versuch einer Mutter, die nicht loslassen kann, und zwar einer Mutter, die dazu noch eifersüchtig ist auf die Mädchen! Also nichts als das traurige Bemühen einer Person, der die „Felle wegschwimmen" und die nun versucht, durch Verweigerung und Repression Einfluß zu behalten. Wow! da hast du's! Lilo, schau in den Spiegel, haben die Jungen vielleicht ein klitzekleines bißchen recht? Was siehst du im Spiegel? Sei nicht albern, ich spreche doch nicht von profanen Äußerlichkeiten! Komm laß das, es bringt wirklich nichts, Wangen- und Kinnpartie durch Spannen der Haut zwischen Zeigefinger und Daumen zu straffen! Ja, stimmt, so würdest du fast zehn Jahre jünger wirken. Ob vielleicht doch ein kleines Face-lifting??? Pfui, du doch nicht! Du wirst dein Alter, wenn schon nicht jubelnd begrüßen, so doch mit Anstand und Würde tragen. Du wirst deine innere Schönheit zum Leuchten bringen, nur *die* ist es, die wirklich zählt! Nein, das sind keine Krähenfüße, das sind lediglich Lachfältchen um deine Augen, und die machen bekanntlich besonders liebenswert! Ob du heute am Strand nicht doch besser den schwarzen Einteiler trägst? Vergiß nicht, du bist umgeben von drei bezaubernden Bikini-Schönheiten in ihrer Maienblüte! Nein für dich kein Bikini! Diesmal nicht! Dein Busen war auch schon besser. Letzten Sommer war er noch straffer, oder kommt dir das neben so viel knackiger Jugend nur so vor? Ein bißchen Bodybuilding oder Gymnastik wär vielleicht nicht verkehrt? Los, zieh den Bauch ein! Du mußt wirklich mehr für dich tun! Nächtliche Frust-und Fressorgien sind out! Dein Ältester hat recht. Wie sagte er gestern: „Du hast ganz schön zugelegt, paß auf, sonst wirst du fett! Weniger steht dir besser." Wieso reagierst du da so sauer und aggressiv? Na, weil er recht hat und du das weißt! Aber das gibt ihm noch lange nicht das Recht, vor versammelter Crew so mit dir zu reden. Obwohl, die Mädchen haben ja auch Augen im Kopf! Du fängst gleich damit an, heute abend für dich nur noch Wassermelone. Aber gerade jetzt in den Ferien? Wo doch die stundenlangen Abendmahlzeiten unterm Sternenhimmel mit ein bißchen Wein, ein bißchen dies, ein bißchen das und dem endlosen Gekakel über alles mögliche und unmögliche für dich den absoluten Höhepunkt des Tages darstellen! Du könntest die Melone auf den Morgen verlegen?

Dritte Möglichkeit: Du beschreitest den Pfad der Weisheit, läßt los von äußerlichen Fixierungen, machst den Tanz ums goldene Kalb ewiger Jugend nicht mehr mit. Dein Busen wird schlaffer? Na und! Dafür wird dein Herz weiter und stärker! Deine Fältchen werden tiefer? Macht nichts! Deine Einsichten und Erkenntnisse auch!

Nein, so doch nicht, sich einfach gehenlassen und das auch noch als den Pfad der Weisheit verkaufen, das zählt nicht! Nimm den Mittelweg. Einsichten? Erkenntnisse? Aber ja! Loslassen von der äußeren Attraktivität? Ach bitte noch nicht! Nicht gleich jetzt! Vielleicht später, in ein paar Jährchen, wenn's denn sein muß! Gönne mir noch ein Weilchen diese Grauzone zwischen nicht mehr jung und noch nicht alt; diese Wunderzeit, in der noch alles möglich ist, alles passieren kann, spannender als zuvor – weil die Zeit der Erfahrung, der Erkenntnis und Einsicht vieles umsetzen läßt, das du dich früher nie getraut hättest! Wow! Auf noch viele, viele solche Jahre!!

Und immer noch Ferien (7. August)

Vier Tage später. Wir haben uns eingelebt in unserem Feriendomizil. Alles funktioniert bestens! Jeder hat seinen Platz in der Crew gefunden. „Gruppendynamik" nennt man das. Auch ich habe mein Plätzchen. Ich bin zuständig für's leibliche Wohl. Zumindest im Rahmen der Nahrungsbeschaffung. Anklagend bis vorwurfsvoll höre ich: „*Du* hast schon wieder das Ketchup (die Schokolade, den Brathering oder was auch immer) vergessen!" Des weiteren fällt mir die Aufgabe des Kochens und der Wiederherstellung der gewohnten Ordnung (nicht geringschätzig lächeln, bei sieben Erwachsenen oder fast erwachsenen Menschen auf engem Raum ist das Chaos nach den opulenten Gelagen beachtlich!) zu.

Ich bin also fast unentbehrlich. Wenn die sechs Gestalten nach ausgiebigem Frühstück sich laut und fröhlich in das einzig vorhandene Auto (meines!) zwängen, winkend und johlend Richtung

Strand verschwinden („Lilo, vergiß nicht den Picknickkorb!"), dann habe ich genügend Zeit, beim Aufwasch meinen Gedanken nachzuhängen. Ich genieße sozusagen die besinnliche Ruhe. Gegen Mittag, den großen Henkelkorb (gefüllt mit Brot, Wein, Käse und Obst) am Arm wie Rotkäppchen im allseits bekannten Märchen, mache ich mich auf den Weg zum Strand. Zu Fuß natürlich, das Auto ist ja schon weg. Nach nur zwanzigminütigem Fußmarsch in herrlicher Sonne (inzwischen 28 Grad) erreiche ich die hungrige Meute. Jubelnd begrüßt, sehnlichst erwartet! Sie haben Hunger! Nachdem der Korb geleert, der letzte Krümel verzehrt ist, darf ich mich im milden Licht des Vergessens meinen Badefreuden bzw. meinen Gedanken hingeben. Mein Auge lasse ich taktvoll übers weite Meer und die endlosen Olivenhaine schweifen. Die tollenden, küssenden, schmusenden Pärchen sollen sich durch mich nicht observiert fühlen! Gegen 18.00 Uhr kommt Unruhe auf. Alles drängt zum Aufbruch! Frage an mich: „Was gibt's heute abend zum Essen??" Das Auto ist zu voll – einer paßt nicht rein. Kurze, heftige Debatte. Keiner hat Lust zu Laufen. Ich auch nicht. Sechs Augenpaare sind erwartungsvoll auf mich gerichtet. *Nein*, diesmal nicht ich! Schließlich machen sich zwei widerstrebend auf den Weg. Bei der Vorbereitung unserer täglichen Hauptmahlzeit helfen die Mädchen sogar mit! (Warum nur die Mädchen?) Ich bin gerührt. Das lange Sitzen bis in die tiefe Nacht, der wunderbare Vollmond über den Bäumen, das Zirpen der Zikaden, das ist so schön, daß es fast unwichtig erscheint, daß das Abräumen und Aufwaschen mir bleibt.

Fünfter, sechster und siebter Tag: dito. Alles unverändert, nichts Neues an der Front. Nur meine Laune läßt zu wünschen übrig. So habe ich mir das nicht vorgestellt! Ich beraume für den Abend eine „Grundsatzdisskusion" an.

„Oh Gott, sei doch nicht so stressig! Ist doch alles super hier, was hast du bloß? Wie kann man nur so mieselprimelig sein?"

Ja, wie kann man nur? Sollte ich mir tatsächlich ausgenutzt vorkommen?

Die abendliche Grundsatzdiskussion ergibt nichts Neues. *Niemand* (außer mir) möchte den Status Quo geändert wissen. Feste Regeln für die täglich anfallenden Arbeiten in unserer Ferienkolonie? – Wozu? Warum? Das ist doch absolut spießig und kleinkariert! Klappt doch bestens! – *Was*? Ich fühle mich ausgebeutet? Zu Hause mache ich das doch alles auch! Und sie helfen doch mit: Tischdecken und so ... Außerdem bin ich, mit meiner miesen Laune, auch ein Prüfstein, sagt Justus im Namen der Gruppe.

Da sitze ich nun, ich Prüfstein, und überlege. Überraschungsvorschlag meinerseits: Die Ferienkasse wird anteilmäßig aufgeteilt. *Ich* ziehe eine Insel weiter und der Clan sorgt für sich selbst! Die erwarteten Jubelschreie bleiben aus, dazu sind sie dann doch alle zu pragmatisch. Verwöhntwerden ist im Zweifelsfall immer bequemer als Selbstversorgung.

Diesmal bleibe ich konsequent. Ich nehme die Fähre am darauffolgenden Tag. Und ich hatte noch zwei traumhafte Wochen! Nach fünf Tagen erschien übrigens eine Abordnung der Kids, um mir die Reize gemeinsamer Ferien näher zu bringen. Meine Rückkehr war offensichtlich erwünscht. Ich nehme an, die tägliche Plackerei mit Einkaufen, Kochen, Aufwaschen (das Fehlen des Autos konnte es nicht sein, das hatte ich ihnen fairerweise dagelassen), all' der tägliche Kleinkram kostet Zeit und Energie – und bietet bei sechsfacher Unlust Zündstoff für Streit und Auseinandersetzung. Aber für mich war klar: Ich hatte *meine* ideale Ferienform gefunden! Und die sechs hatten die Chance, Autonomie (die immer auch mit Mühe verbunden ist) zu üben, Fairneß und Solidarität zu praktizieren.

Die gemeinsame Rückfahrt auf dem Schiff, am Ende der Ferien, war dann noch besonders schön und lustig.

Und immer noch kein Ende!
(28. August)

Noch ein Kapitel zum Thema Ferien. Ich muß an die vorletzten Ferien denken. Damals bahnte sich bereits eine große Veränderung an. Die angeblich „schönste Zeit" des Jahres stand an. Was tun, wenn die Ferienwohnung für sechs Personen bereits gebucht ist (für ein Heidengeld!), der ältere Nachwuchs sich aber standhaft weigert mitzukommen? Natürlich gibt's da verschiedene mehr oder weniger unzulängliche Methoden: man kann drohen, das Taschengeld kürzen, bestechen oder bitten und flehen. Eines haben sie alle gemeinsam: sie sind absolut untauglich, und erzieherisch fühlt man sich unzulänglich bis schwach bei dem hilflosen Versuch, „elterliche Autorität" an den Tag zu legen. Nach Tagen erbitterter Streitgespräche und Machtproben von beiden Seiten kapituliert meist der genervte Elternteil. Er fährt nun zum erstenmal in stark reduzierter Besetzung ins jahrelang erprobte und ehemals so heißgeliebte Feriendomizil. Nun gilt es, der eigenen Enttäuschung und Trauer über die stark geschrumpfte Urlaubscrew, der unheilvollen Ahnung, daß es wohl nie mehr so sein wird wie die vielen schönen Sommer davor, ins Auge zu sehen. Vorbei die Zeiten, als die großen Brüder die „Kleinen" mit rausnahmen zum Schwimmen, zum Paddeln, zum Klettern oder Spielen. Nun heißt es, den eigenen, trägen Body aus dem warmen Sand zu heben: „Action" ist angesagt! Und das nicht nur jetzt. Denn auch am Abend sind die beiden so plötzlich geschwisterlosen „Kleinen" nicht bereit, auf Flippern, Eislecken, Minigolf und derlei schöne Dinge mehr so ohne weiteres zu verzichten. Schon gar nicht zugunsten herrlicher Sonnenuntergänge und lauschiger Lesestündchen auf dem Balkon. Mütter werden nun (gezwungenermaßen) zu Entertainern, Animateuren und erfahrenen Spezialisten in Sachen Ferien-Amusement. Wehe, sie verweigern sich den Wünschen dieser putzmunteren und ausgeruhten

Menschlein! Endloses Nörgeln und Nölen wird ihren Starrsinn spätestens am dritten Abend brechen.

Und vielleicht, ganz vielleicht (sozusagen günstigstenfalls) stellt dann die bislang leicht genervte Mutter überraschend fest, daß sie nun ihrerseits anfängt, sich aufs abendliche Minigolfen, Flippern usw. zu freuen. Sollte es so weit kommen, dann ist es bereits gelungen, für die zukünftigen noch zu erwartenden „Familienurlaube" eine Kursänderung einzuführen, die es für beide Seiten leichter macht. Und nicht vergessen: Offen bleiben für Neuerungen, die können manchmal ganz vergnüglich sein!

Die beiden „Großen" kamen übrigens gesund und putzmunter vom Interrail-Trip zurück. Sie sind weder verhungert noch überfallen worden, und trotz fehlender mütterlicher Fürsorge sind sie weder verkommen noch sonstwie geschädigt! Im Gegenteil: sie sind so strahlend, erholt und voll neuer Anregungen und Erlebnisse, daß mir das Herz übergeht. Zwei Wochen voller Angst und Sorge sind vorbei. Elterlicher Stolz macht sich breit! Und daß sie nun ihrerseits die letzte Ferienwoche freiwillig mit uns und den jüngeren Geschwistern verbringen, ja, das Betutteln und Verwöhnen sogar genießen (es der ungläubig-staunenden Mutter sogar sagen!), das ist fast zu schön, um wahr zu sein! Und während ich dies denke, liege ich genüßlich faul im heißen Sand, und am Abend habe ich meinen Sonnenuntergang, sitze auf dem Balkon und lese mein Buch: Die „Großen" sind mit den „Kleinen" beim Schwimmen, beim Flippern beim …

Kein Bock auf Schule!
5. September

Das Leben ist bunt und schillernd! Jeder Tag birgt neue Überraschungen, Veränderungen! Wie kommt's, daß du dich momentan viel mehr nach Ruhe, Dösen, Frieden und Harmonie sehnst? Ja, ich weiß schon, „nach eingeschlafenen Füßen sehnst du dich", sagt Justus, dein Zweitältester.

Heute früh herrschte der übliche Trubel. Gedränge und Gemotze vorm Badezimmer, übellaunige Gestalten in der Küche, die sich im Stehen bzw. im Gehen schnell noch irgend etwas hinter die Kiemen schieben. Wirklich, du kannst es dir schenken, die angeblich so wichtige erste Mahlzeit des Tages zu einem Gaumen- und Augenschmaus zu gestalten („Ihr wißt: das Auge ißt immer mit!"). Das einzige, was du tun kannst, um die hochexplosive Stimmung unter Kontrolle zu halten, ist den Mund zu halten und dich unsichtbar zu machen. Nach zwanzig Minuten ist der Spuk vorbei – alle sind weg, und du freust dich auf ein stilles zweites Täßchen Kaffee und deine Zeitung. Diese halbe Stunde ist für mich eine „heilige Handlung" und der Moment, der mich auf den ganzen Tag positiv einstimmt. Doch diesmal ist es anders. Mein Sohn Justus sitzt noch am Tisch und schmiert sich mit Genuß ein Brötchen.

„Sag mal, dein Schulbus ist doch schon weg, hast du heute frei?" Seine Antwort wirft mich um. Lapidar und in dürren Worten teilt er mir mit, keine Schule mehr von innen besichtigen zu wollen. Er hat sich abgemeldet! Ganz einfach so! *Ein* Jahr vorm Abitur! Ohne uns auch nur ein Wort zu sagen, geschweige uns zu fragen! Mir verschlägt's für einen Moment den Atem! Schulmüde ist der Knabe, aha! Und da wird einfach das Handtuch geworfen! In meinem Kopf rotieren die widersprüchlichsten Gedanken: gescheiterte Schullaufbahnen, die unweigerlich, wenn nicht ins Verbrechen, so doch ins absolute Verderben führen! Vor meinem geistigen Auge sehe ich gestrandete Existenzen, Gammler, Stadtstreicher, Drogensüchtige ... ein wahres Horror-Szenarium! – Komm, reiß dich zusammen, sei nicht so hysterisch! Schließlich leben wir in einem Sozialstaat mit einem vorzüglichen, sogenannten „durchlässigen" Schulsystem. Hier kann jeder jederzeit und allerorten sein Abitur auf dem zweiten, dritten, oder sonstigen Bildungsweg nachholen. Vorausgesetzt er *will*! Von den mannigfaltigen Nebenwegen (Fachhochschulen, Abendschulen, Seminaren), die zu nahezu gleichwertigen Ergebnissen führen, ganz zu schweigen! Also, worüber regst du dich auf? – Ja, du hast recht, diese Wege sind schwieriger, längst nicht alle halten durch, und woher willst du hier und jetzt wissen, ob der Sohn je einen solchen Weg beschreiten wird? – Ja, ich weiß, „Handwerk hat goldenen Boden", „Arbeit schändet nicht" und was es noch alles an klugen Sprüchen gibt. – Warum bist du nur so sauer? Solltest du vielleicht doch elitär, überheblich, zu ehrgeizig sein? Dein Sohn hat beschlossen, die Schule zu verlassen und einen seriösen Beruf zu erlernen, wo also liegt das Problem? Ist es vielleicht mehr *dein* Problem als seines, mit der veränderten Situation fertig zu werden? Du redest dir den Mund fusselig, versuchst, ihn zur Umkehr zu bewegen. Vergebliche Liebesmüh! – Warum wohl hat er es nicht der Abmeldung mit dir besprochen? Ja, richtig, er wollte keine endlosen Diskussionen und Vorhaltungen. Er hatte längst für *sich* entschieden. – Aber was soll jetzt werden? Er sucht sich eine Lehrstelle, sagte er. Als ob gute Lehrstellen wie reife Pflaumen an den Bäumen wachsen, sagst du. – Suche das konstruktive Gespräch – erhalte die Vertrauensbasis! Aber *wie*? Wenn du dem Typen im Moment vor Ohnmacht und Wut den Hals umdrehen könntest? Schlage erst mal ein Beratungsgespräch beim Schulberater und beim Arbeitsamt vor. – Nein, absolut überflüssig, daß du mitkommst! Er kennt die Fakten so gut wie du, und seine eigenen Vorstellungen kennt er besser als du. Na also, atme ruhig durch, habe Vertrauen in ihn und seine Entscheidung! Auch oder gerade weil es dir fast unmöglich ist, du an deinem Ärger zu ersticken drohst und jetzt schon weißt, daß er spätestens in einem halben Jahr seine Entscheidung bereuen wird! – Übrigens, wie war das, hast du mit achtzehn auf deine Mutter gehört? – Gut, damals war die Autorität der Eltern noch unantastbar! Jetzt redest du schon wie deine eigene Großmutter („Ja, Kinder, früher war alles besser ...")! – Ändere was du ändern kannst, und was du *nicht* ändern kannst, das lasse zu. Die richtigen Dinge passieren zur rechten

Zeit und kommen auf dich zu – wenn du offen dafür bist! – Offensichtlich bin ich für die richtigen Dinge, die auf mich zukommen, noch nicht offen genug! Ich mache mir Sorgen, große sogar, mag so gar nicht glauben, daß seine eigenmächtige Entscheidung das Richtige ist! Du mußt mit ihm sprechen. Aber nicht jetzt gleich, erst wenn du ruhiger bist und nicht so aufgebracht! Vielleicht heute abend?

Am Abend desselben Tages;

„Justus, ich habe mir heute viele Gedanken gemacht über dich und deinen Entschluß, von der Schule abzugehen! Ich glaube, daß du dir über die Folgen nicht ganz im klaren bist? Du solltest auf alle Fälle dieses eine Jahr noch machen! Es wäre dumm, so kurz vor dem Abitur aufzugeben! In einem Jahr kannst du dann immer noch entscheiden, was du machen willst! Ich finde, es macht einen gewaltigen Unterschied, ob jemand aus freien Stücken beschließt, zum Beispiel Gärtner zu werden (also aus Neigung) oder ob er das tut, weil sich nichts anderes bietet, also der Not gehorchend. Auf dich angewendet bedeutet das: Es macht einen großen Unterschied, ob du jetzt dein Abitur machst und dann beschließst, Gärtner zu werden, oder ob du das jetzt machst, weil du keine Lust mehr auf Schule hast und sowieso nicht so recht weißt, was du jetzt anfangen sollst!"

Justus: „Das ist doch völliger Quatsch! Ich versteh' zwar, was du meinst, aber das geht doch haarscharf an der Sache vorbei. Ganz abgesehen davon, daß ich nicht die Absicht habe, Gärtner zu werden! Ich will morgen mal zum Arbeitsamt und zur Schulberatung gehen und mich informieren, welche Möglichkeiten ich habe. Sicher ist lediglich, daß ich keine Lust habe, mein Abitur zu machen. Vielleicht gibt es etwas Handwerkliches, in einem Verlag oder in einer Druckerei? Das könnte ich mir ganz gut vorstellen. Ganz abgesehen davon, daß ich ja jederzeit mein Abitur nachholen kann!"

„Das stellst du dir mit Sicherheit zu einfach vor! Bis du eine

Lehre beendet hast, hast du schon so viel vom Lehrstoff vergessen, daß es sehr schwierig und mühsam sein wird, dich nach einer so langen Pause aufs Abitur vorzubereiten!"

„Will ich ja wahrscheinlich auch gar nicht! Aber ich möchte jetzt nicht den ganzen Abend immer über das Gleiche reden! Ich habe mir das ja lange genug überlegt!"

„Warum hast du nie mit mir darüber geredet?"

„Weil es keinen Sinn gehabt hätte! Du hättest dich aufgeregt, wahrscheinlich rumgeheult, und wir hätten uns Tag für Tag gestritten! Was hätte das gebracht? Na, also!"

Justus war dann am nächsten Tag bei der Beratung. Vier Wochen später fing er eine Lehre in einem Kunstdruckverlag an. Wie anstrengend und mühsam das war, das begriff er erst ganz, als alle Entscheidungen gefallen waren! Aber er hat durchgehalten!

Klassentreffen
(9. September)

Gestern hat das erste Klassentreffen nach fast fünfzehn Jahren stattgefunden! Die Stunde der Wahrheit für 22 ehemalige Absolventinnen der 5c des Mädchengymnasiums unserer Stadt. Was ist aus uns optimistischen Weltverbesserinnen von damals geworden? Diese saturierten, gestandenen Frauen mit der akurat ondulierten Frisur: die Vorkämpferinnen revolutionärer Ideen und Neuerungen? Da hinten Marianne, sie hat sich kaum verändert! Ein bißchen älter – klar, aber sonst wie damals. Ruth ist auch noch ganz die Alte, Gott sei Dank, ein paar Lichtblicke im satten Haufen.

Und *du selbst*? Bei dir reicht es nie zur absoluten Vollkommenheit und Perfektion. Immer dümpelst du im „Fast" oder im „Nicht-Ganz"! Zur Mater Dolorosa hat es nicht ganz gereicht, zur Karrierefrau hat es nicht ganz gereicht – zur Silberhochzeit, sprich: „perfekten Ehefrau" hat es nicht gereicht: auch da hast du vorzeitig das Handtuch geworfen!

„Du hast noch nie Durchhaltevermögen gehabt", sagt Marion.

„Immer wenn's um harte Disziplin ging, damals in der Untersekunda, erinnerst du dich? Da hast du fast das Handtuch geworfen!" sagt Else.

Offensichtlich war ich jahrelang mit dem Werfen irgenwelcher Handtücher beschäftigt! Kein Wunder, daß ich nicht die Zeit fand, in oberste Chefetagen aufzusteigen oder vorzudringen!

„Du warst unheimlich leicht zu begeistern, aber auf halber Strecke hast du immer schlapp gemacht!" erinnert sich Grete.

„Aber die Waffel hattest du immer offen! Immer klug dahergequatscht", ergänzt Liselotte.

Aha, so also war ich! Mein Selbstbild schon damals eine Fata Morgana! Wie mag es da erst heute aussehen? – Meine Liebe, nicht konferieren, nicht monologisieren, nicht kritisieren ist jetzt angesagt! „Reflektieren" heißt das Zauberwort! In dich gehen, innere Einkehr halten! Ja, schau hin, schau genau hin! Das also bist du! Dieses wankelmütige, unorganisierte, undisziplinierte Wesen! – Nein! Du irrst dich, es ist nicht dein ganz spezifischer Charme, daß du dir dieses kindliche Staunen erhalten hast!

„Du weigerst dich einfach, erwachsen zu werden!" tadelt Ruth.

Wann ist Frau „erwachsen"? Wenn der Realitätssinn keine Träume mehr zuläßt? Wenn die Disziplin in allen Disziplinen vorhanden ist – man von keinem Einbruch oder Ausbruch mehr aus der Bahn geworfen wird?

„Wie willst du Autorität bei deinen Kindern haben, wenn du selbst ein anarchistischer Chaot bist?" fragt scharf Julia. Sie war schon damals vor fünfzehn Jahren nicht nur Klassenbeste, sondern ebenso gerühmt wie gefürchtet für ihren Scharfsinn und ihre scharfe Zunge. Heute ist sie Staatsanwältin und hat es zu was gebracht, wie man so sagt.

Lieber Gott, laß mich bald und schnell meine Entwicklungsdefizite aufholen! Vielleicht im Schnellverfahren?! – Oder vielleicht doch besser nicht! Wenn ich mir die vielen tüchtigen, toughen Julias, Margots und Ruths ansehe, dann sollten wir's doch besser lassen?!

Ein bißchen unvollkommen, ein bißchen disziplinlos, ein bißchen chaotisch und ein bißchen unerwachsen – halt ein bißchen menschlich. Auch meine Kinder werden es überstehen, eine unvollkommene Mutter zu haben.

Konsequenzen, Konsequenzen (29. September)

Heute war ich gezwungen, mir ein paar Gedanken über die Themen „Nachgeben", „Konsequente Haltung", „Manipulierbarkeit" sowie ihre vielschichtigen Zwischenformen zu machen.

Bei mir selbst stelle ich immer wieder fest: Ich gebe nach wider besseren Wissens, sozusagen aus „Feigheit vor dem Feind!" Ich scheue die beinharten Auseinandersetzungen mit meinen nicht zimperlichen Widersachern (sprich den Kindern). Mein „Harmoniebedürfnis" ist so ausgeprägt und groß, daß ich dafür bereit bin, fast jedes Opfer zu bringen. Vielleicht will ich mir auch meine Illusion der glücklichen, heilen Familie bewahren? Aber die Auseinandersetzungen werden im Stadium der sich abseilenden Gören ja nicht weniger! Und sind die Weichen erst mal falsch gestellt, sind Korrekturen nur schwer möglich. Für nichts anderes haben Kinder und Heranwachsende ein so sicheres Gespür als für diese kleinen Unsicherheiten und Schwächen. Diese machen sie sich erbarmungslos zunutze! Da wird dann getrickst und ausgespielt und gemauschelt, aber ganz ohne böse Absicht. Wir machen es ihnen ja so leicht mit unserer Angst, Grenzen zu ziehen. Zu tief sitzt uns das völlig irrationale Idealbild der „liebevollen" Mutter in den Knochen. Liebevoll? Nicht nur das: verständnisvoll, verwöhnend, nichts fordernd, geduldig bis zur Selbstaufgabe.

Wie ein Damoklesschwert hängt die fürchterlichste aller Strafen – nämlich die, von den Kindern nicht mehr geliebt zu werden – über uns Müttern! Diese Drohung im Nacken, machen wir uns nur allzu willig zu Handlangerinnen für den rücksichtslosen Ego-trip der herangewachsenen „lieben Kleinen". Die teuersten Markenklamotten, Diskos, Freßtempel bevorzugt italienischer, griechischer oder fernöstlicher Machart (mit meinen inzwischen fünfzig Jahren gehe ich nicht entfernt so oft zum Essen wie meine Kids), Kino, Rap-Beschallung in Frequenzen, die gehörschädigend sind. All diese „Hobbies" der Lieben sind für beobachtende Eltern höchst beunruhigend. Die frühzeitigen Anstöße im zarten Kindesalter, die kreativitätsfördernden Spiele, selbstverständlich aus handgearbeitetem Naturholz (so richtig zum Fühlen, Schmecken, Riechen, denn nicht nur das Denkvermögen, nein, auch die sinnlichen Erfahrungen sollten gefördert werden!) – was ist daraus geworden? Mehr oder weniger erschreckt stellen wir fest: Sinnliche und auch intellektuelle Bedürfnisse und Ansprüche haben sehr schlichten Bedürfnissen Platz gemacht. „Konsum" heißt die Zauberformel! Aber keine Sorge, rückblickend kann ich sagen: Auch diese Phase geht vorbei, und aus „Konsumgeiern" werden peu à peu wieder Wesen mit sehr individuellen und subtilen Neigungen und Hobbies. Es ist fast wie bei den Raupen: nach dem Einpuppen wird dann doch ein wunderschöner bunter Schmetterling daraus! Und irgendwann ist es dann so weit: Der Älteste lädt die gebeutelte Mutter zum Chopinkonzert, die Jüngste bringt ihr ein wichtiges Buch mit, das sie unbedingt auch lesen muß, weil die Tochter mit ihr darüber reden will. Und erstaunt bis beglückt stellt man fest: Die Saat ist ja doch aufgegangen, sie interessieren sich nicht nur, nein, sie wissen da genau Bescheid, sind absolut beschlagen! Trotz schlimmster Befürchtungen in gar nicht so ferner Vergangenheit haben sie offensichtlich den Anschluß an unsere abendländische Kultur nicht verpaßt! Halleluja!

Von Lieben und Trieben (3. Oktober)

Was tun, wenn Tochter, Sohn (oder wie in meinem Fall gleich zwei Söhne) auf ihrem Recht zur Entfaltung ihres „Liebes- und Triebes"lebens bestehen? Wie verhält sich die emanzipierte, moderne Mutter, wenn ihr am Wochenende, auf ihrem Weg zur Küche, außer einem halbnackten Jüngling mit Handtuch um die Lenden (Freund der Tochter), noch zwei barbusige Nixen begegnen? Antwortet sie auf ein kurzes „Hey"! mit einem ebensolchen und verschwindet diskret in ihrem Zimmer? Bietet sie vom frischgebrühten Kaffee an? Oder besteht sie auf einer Vorstellung: „Ich bin die Mutter von Justus, wer sind Sie?"

Ich fühlte mich zuallererst einmal gestört in meinem von mir so sehr geliebten „Sonntagsmorgentrott". Vorbei die Zeiten, wo ich, raus aus dem Bett, rein ins Bad, nackt über den Flur hüpfte, verzauselt im gammligen T-Shirt meine erste Tasse Kaffee genießen konnte, meist mit ein oder zwei genauso zerknautschten Gestalten aus dem Familienverband. Manchmal saßen wir dann um drei Uhr nachmittags immer noch und redeten uns die Köpfe heiß!

Ab jetzt war alles anders. Söhne und Tochter verschwanden mit gefülltem Tablett in Windeseile in ihren Zimmern, und außer gelegentlichem Kichern war bis in den späten Nachmittag nichts zu hören und zu sehen. Ab und zu wurde Nachschub aus der Küche besorgt.

Frage an mich: Warum bist du so sauer? Freue dich lieber am Resultat deiner liberalen Erziehung! Ist es nicht herrlich, wie lokker und frei deine lieben „Kinder" sind? Nichts von verklemmt, nicht prüde, nein, ganz im Gegenteil! Sensitiv, um nicht zu sagen lustvoll, gehen sie mit dem anderen Geschlecht um. – Was, peinlich ist es dir, akustische Zeugin dieser fröhlichen Wochenendaktivitäten zu sein? – Kein Problem, Ohropax schafft Abhilfe! (Nein, dies ist *keine* Schleichwerbung!) – Wie, du genierst dich, wenn nur sparsam verhüllte Gestalten über deinen Flur huschen und unter Gekicher „Hasch' mich" spielen? – Selber schuld! Was hockst du auch am Sonntag den ganzen Tag zu Hause!

Ich glaube aber, das Problem liegt woanders. Ich bin weder antiquiert noch sexual-feindlich. Ich vermisse lediglich eine gewisses Feingefühl im Umgang mit solch intimen und delikaten Situationen. Liebe, und dazu zähle ich selbstverständlich auch die körperliche Liebe, ist für mich ein Geheimnis, das nur *zwei* Menschen etwas angeht. Um dieses Geheimnis zu wahren, ist ein „Schonraum" nötig. Für mich ist es unvorstellbar (und eine absolute Zumutung!), sämtliche Mitbewohner zu unfreiwilligen Voyeuren (auch akustischen Voyeurismus muß ich dazu zählen) zu machen. Ich empfinde das als rücksichtslos, geschmacklos und stillos! Und wenn das antiquiert ist, dann bin ich gerne antiquiert und altmodisch!

Variante zwei:

Mein sogenanntes Zimmer hat keine Türen, ist gleichzeitig Durchgangsraum in Richtung Bad für den Zweitältesten, dessen Zimmer an meines angrenzt. Mein Raum ist also eine Art große, offene Diele, zu der jeder freien Zutritt hat. Ich selbst finde das zwar manchmal ziemlich unangenehm (um nicht zu sagen unerträglich!), aber A., der unser Haus nach ästhetisch künstlerischen Gesichtspunkten konzipiert hat, ist der Ansicht, daß dieses nach allen Seiten „Geöffnetsein" mehr Großzügigkeit und Weite signalisiert! Mein großes schwarzes Bett steht also gut einsehbar für jeden in der Mitte des Raumes! Das angrenzende Zimmer des Sohnes dagegen hat eine hohe Schiebetüre, die seinen Raum von meinem trennt!

Montag früh 7.30 Uhr: Daniel fühlt sich krank, Daniel fühlt sich matt! Daniel kann nicht zur Vorlesung! Ich muß in die Redaktion und mache mich auf den Weg. Justus pusselt in seinem Bad herum, macht sich fertig für die Schule.

Daniel kommt nach oben, macht es sich in meinem Zimmer

bequem. Er telephoniert. Er wartet. Justus pusselt immer noch im Bad. Er hat heute erst zur zweiten Stunde Unterricht. Es klingelt. Daniel öffnet. Seine Freundin steht vor der Tür. Wie Rotkäppchen bringt sie dem kranken Daniel Kuchen und Wein. Vor allem aber bringt sie ihm sich selbst. Daniels Lebensgeister regen sich! Da der Arme so matt ist und sich legen muß, legt sie sich einfachheitshalber ein bißchen dazu. Justus ist mit seiner Morgentoilette fertig. Frisch geduscht, rasiert und dezent beduftet, will er sich auf den Weg zum Schulbus machen. Doch merkwürdiges Stöhnen und Ächzen stoppt seinen Lauf zur Schiebetüre! Ein vorsichtiger Blick durch den Schiebetüren-Spalt läßt ihn erröten und erstarren. Wie an dem liebenden Pärchen vorbei die rettende Treppe erreichen? Einfach Schiebetür auf und raus?! Nein, das ist zu brutal, die Blessuren an der so überraschten Mädchenseele wären wohl nicht wieder gut zu machen! Justus hofft, daß die Zeit für ihn arbeitet. Doch alles Hoffen ist vergebens! Der Schulbus ist längst weg. Justus sitzt auf seiner Bettkante und wagt sich nicht zu rühren. Unfreiwillig in der Rolle eines akustischen Voyeurs gefangen, wartet er verlegen auf das Ende von „Ekstase und wilder Leidenschaft“! Er hat in der dritten Stunde Mathematikschulaufgabe, soll er sich nicht doch bemerkbar machen? Doch das geht jetzt nicht mehr, das hätte er dann gleich machen müssen! Daniel hat Kondition! Es geht schon auf zehn Uhr! Justus wartet! Halb elf, Justus wartet noch immer! Das Klingeln des Telephons kündigt das Ende seiner mißlichen Lage an! Als das Wasser im vorderen Bad zu plätschern beginnt, schleicht er schnell (unhörbar auf Socken!) über die Treppe nach unten und schwingt sich aufs Rad via Schule. Auf dem Weg grübelt er über eine passende Entschuldigung. *Wie* sag ich's meinem Lehrer? Diesmal darf nicht nur geschwindelt werden, es *muß*! Jede barmherzige Lüge ist glaubwürdiger als die peinliche Wahrheit, die sowieso niemand glauben würde! Justus ist sauer!

Nachspiel:

Am Nachmittag desselben Tages: Ich komme nach Hause, Justus kommt nach Hause. Daniel fühlt sich matt, Daniel fühlt sich krank! Mit ersterbender Stimme bittet er um ein Schlückchen Tee, ein wenig Rührei mit Speck! Ich eile an sein Lager, lege besorgt die Hand auf seine nicht allzu heiße Stirn! Auch Justus hat Hunger, auch Justus wartet auf Essen. Doch der kranke Bruder geht vor! Wer kann's ihm verdenken, daß Justus das morgendliche Intermezzo der um den Tisch versammelten Familie zu Gehör bringt?! Ja, petzen ist nicht in Ordnung, aber Hand aufs Herz, wer würde sich die Gelegenheit für so eine Story entgehen lassen? Daniel und Justus geraten sich in die Haare, was nicht weiter auffällt, denn das tun sie fast immer! Auch ich kriege mein Fett ab: Daniel meint lapidar: „Nun werd' mal wieder locker, hat es dir die Petersilie verregnet? Oh Gott, sei doch nicht so antiquiert! Ich kann dir ja dein Bettchen neu beziehen!" Bei der sich nun anschließenden Diskussion über Schickliches, Unschickliches, Diskretes und Schamloses wird keine allseits zufriedenstellende Einigung erzielt, aber eines weiß ich ziemlich sicher: In meinem „Bettchen" wird sich so schnell kein Unberechtigter mehr tummeln! Wie sagten schon die Zwerge im Märchen „Schneewittchen": „Wer hat in meinem Bettchen gelegen? Wer hat mit meinem Gäbelchen gestochen? Wer hat aus meinem Becherchen getrunken?" Ja, und dem lieben Schneewittchen war das dann sehr, sehr unangenehm und peinlich, und fortan hatte das Zwergenvolk keinen Grund mehr zur Klage! Aber dies ist kein Märchen, und meine Gören sind nicht Schneewittchen, steht also zu befürchten, daß ich noch häufiger Grund zum Klagen haben werde. Denn ganz offensichtlich haben meine vier da keine so hohe Hemmschwelle!

Kleiner Nachtrag: Gerechtigkeitshalber muß gesagt werden, diese Begegnung der „besonderen Art" führte zu etwas mehr Rücksicht und Diskretion! Zwar war es an späten Sonntagmorgen immer noch empfehlenswert, sich aus dem Haus zu machen (wozu gibt es schließlich Ausstellungen und Museen?), aber der Geräuschpegel diverser Wochenendaktivitäten hielt sich in der nächsten Zeit in tolerierbaren Grenzen. Vollständigkeitshalber sollte noch erwähnt werden, meine „Schamgrenze" hatte ebenfalls tolerierbare Bereiche erreicht, ich war offensichtlich etwas desensibilisiert worden!

Andere Mütter, andere Töchter ... (17. Oktober)

Anruf meiner Freundin Britta: „Du, sag mal, geht das dir auch so, oder tickt da bei mir was nicht so ganz? Du weißt ja, wie sehr ich Nicki (Brittas Tochter) liebe und unterstütze, aber in letzter Zeit merke ich, daß sich da bei mir noch was anderes einschleicht, fast so eine Art Eifersucht! Oder mehr so eine Gereiztheit und Ungeduld. Verstehst du?"

„Nein, tu' ich nicht! Erzähl mal genauer, was du meinst und wann du das feststellst."

„Zum Beispiel, wenn sie sich einfach Klamotten aus meinem Schrank holt, damit rumschlampt und sie nicht mal zur Reinigung bringt! Und das ist eigentlich noch nicht alles: Oft muß ich zugeben, daß die Fummel an Nicki meist besser aussehen als an mir! Du weißt, wie dünn sie ist. Ich habe ja schon wieder zugenommen. Es kann sogar passieren, daß ich mir dann nicht mehr darin gefalle und ihr die Sachen ganz lasse. Oder: Nicki und ich gehen in der Stadt bummeln. Bis vor ungefähr zwei Jahren war es so, daß wenn uns jemand Blicke zuwarf, die Blicke mir galten. In letzter Zeit hat sich das völlig geändert. Wenn wir Blicke auf uns ziehen, dann gelten die in neun von zehn Fällen ihr! Verstehe mich bitte nicht falsch, ich bin ja wahnsinnig stolz auf meine kluge und schöne Tochter. Trotzdem ist diese Veränderung gewöhnungsbedürftig!"

Ich weiß nur zu genau, wovon Britta spricht. Mache ich doch ziemlich ähnliche Erfahrungen! Neid unter Frauen war schon immer ein Reiz- und Tabuthema. Vollends degoutant wird es, wenn es sich auch noch um die eigene Tochter handelt. Wobei das mit „Neid" im üblichen Sinn wenig zu tun hat und auch nur unzureichend umschrieben ist. Da kommen so widerstrebende Gefühle zusammen, daß man sie selbst kaum verstehen kann! Zum einen gilt es zu begreifen, daß aus unserem kleinen Mädchen ganz plötzlich eine Frau wird! Meist hat sich der Wandel so schleichend vollzogen, daß wir die letzten sind, die es merken! Vielleicht wollten wir es auch gar nicht merken, bedeutet das doch auch den Abschied von einer Verbundenheit, die uns lieb und teuer war! Fortan werden es nicht mehr *wir* sein, die ihr besonders nah und wichtig sind: Andere Personen werden diese Rolle übernehmen, und wir werden ins zweite oder gar dritte Glied rücken. Wir registrieren die Blicke, die sie auf sich zieht, mit Stolz und sind gleichzeitig in Sorge! Ist sie nicht noch viel zu naiv, um den auf sie zukommenden Gefahren und Versuchungen gewachsen zu sein? (Seid beruhigt, meine Schwestern, meist ist sie es nicht!) Dann gilt es in dieser ohnehin schwierigen Phase Abschied zu nehmen vom eigenen Traum ewiger Jugend! Wer Mutter einer fast erwachsenen Tochter ist, hat die erste (wenn nicht schon die zweite) Maienblüte hinter sich. Auch das ist ein Abschied! So gesehen sind mir Brittas Gefühle sehr vertraut! Aber lassen wir sie wieder zu Wort kommen:

„Am schlimmsten ist es, wenn sie ihren Freund mehrmals die Woche bei uns übernachten läßt! Am liebsten würde ich das ganz verbieten, aber dann geht sie zu ihm, und das finde ich noch schlimmer!"

Britta, 46 Jahre alt, attraktiv und geschieden, lebt seit fünf Jahren mit Nicki allein. Und auch da verstehe ich Britta nur zu gut! Eine knapp-erwachsene Tochter, die ihre Sexualität lustvoll (wollen wir hoffen) hautnah in Hörweite der unfreiwillig zölibatären Mutter lebt, stellt mit Sicherheit ein Problem dar! Wo fängt da

Neid an, wo hört da Sorge auf? (Ist sie nicht noch viel zu jung, die Tochter?) Die Grenzen sind da fließend, und das Zusammenleben wird dadurch sicher nicht konfliktfreier! Bei mir hat sich da das offene Gespräch bewährt: der Tochter die eigenen zwiespältigen Gefühle ruhig mitteilen. Sagen, daß nächtliche „Lustorgien", die zur unfreiwilligen Komplizin machen (dank dünner, hellhöriger Wände!) dem eigenen Seelenfrieden abträglich sind. Sich das eigene „kleines Mädchen", das vor noch nicht allzu langer Zeit noch mit Puppen spielte, bei sexuellen Aktivitäten vorzustellen, bringt nahezu jede Mutter in Bedrängnis! Wird die eigene Sexualität etwa mangels eines geeigneten „Objekts der Begierde" unterdrückt, kommt dazu noch ein weiteres Problem. Böse Zungen würden das wohl als „Sexualneid" bezeichnen. Wobei dieses Wort den Tatbestand nur unvollkommen beschreibt. Es mag eher ein Gefühl des eigenen Mangels sein. Eines Mangels an Zärtlichkeit, an Streicheleinheiten, an menschlicher Zuwendung. Und der Mensch, der uns diesen Mangel bislang erträglich machte, nämlich die eigene Tochter (bei manchen alleinerziehenden Müttern ist es natürlich auch der Sohn), hat sich nun abgewandt und schenkt seine Aufmerksamkeit einem in unseren Augen meist lappelfatzigen, unzulänglichen Knaben beziehungsweise Girl.

Ich habe mit meinen Lieben klare Absprachen getroffen. An bestimmten Wochenenden und Abenden bin ich nicht zu Hause und überlasse das Feld freiwillig „Romeo und Julia". Ich sorge vielleicht für einen gefüllten Eisschrank mit ein paar ungewöhnlichen Extras. Ein paar kleinen „Köstlichkeiten," die mein Wohlwollen und Einverständnis signalisieren. Denn eines ist klar: Willst du nicht ganz ins „Aus" geraten, dann gibt es nur einen Weg, den momentanen Liebsten (bzw. die momentane Liebste) ohne Ansehen der Person in den Reigen der eigenen Kids zu integrieren, sozusagen ans Herz zu drücken als „Sohn" oder „Tochter" auf Zeit. Bei meinen vier Kindern haben sich auf diese Art im Lauf der Jahre eine hübsche Anzahl von Pflegesöhnen und -töchtern angesammelt, und mit einigen davon verbinden mich

Freundschaften, die ich nicht missen möchte! Und das, obwohl der eigene Sohn bzw. die eigene Tochter sich längst aus der Beziehung verabschiedet hat!

Gestern abend gab es dann noch eine heiße Diskussion bei Freunden zum Thema: „Haben die Jugendlichen heute durch mehr Toleranz und Freizügigkeit (gemeint waren voreheliche Freund- und Liebschaften, die auch Sexualität mit einschließen) auch die besseren Karten, was Ehe oder eheähnliche (Beziehungskisten genannt!) Verhältnisse anbelangt?" Zusammen saßen drei seit immerhin 22 Jahren befreundete Paare, die elf Kinder (allerdings aus fünf verschiedenen Ehen) im „paarungsfähigen" Alter haben und die selbst schon zahlreiche Wunden und Blessuren im vielschichtigen Geschlechterkampf davongetragen haben.

Greta: „Ich finde es einfach toll, wie selbstverständlich und lokker die Jungen und Mädchen heute miteinander umgehen! Diese typischen Spielchen, die zu unserer Zeit noch üblich waren, die finden die doch nur zum Totlachen! Wenn ich da meine Tochter und ihre Clique anschaue, das ist einfach viel gesünder, wie die miteinander umgehen. Sie fahren schon seit ungefähr vier Jahren zusammen in Ferien, meist in unser Haus in Griechenland. Letztes mal waren es drei Mädchen und zwei Jungen, alle aus Monas Klasse. Sie organisieren sich da völlig allein und selbständig! Bei der ersten Reise bin fast gestorben vor Angst, was hätte nicht alles schon auf der langen Fahrt mit dem Auto passieren können!? Inzwischen mache ich mir kaum noch Sorgen, in vielem sind sie praktischer und auch experimentierfreudiger als wir Alten! Was nicht so läuft, wird einfach improvisiert, und was dabei herauskommt, ist oft besonders witzig und originell. Auch ihr Rollenverständnis ist nicht nach Geschlechtern getrennt, oft kochen die Jungen, dafür ist dann ein Mädchen dabei, das Reparaturen am Auto oder am Motorroller selbst macht. Und was mir noch gefällt: Durch dieses selbstverständliche Miteinander verliert auch die Sexualität ihre oft so überbewertete Schlüsselfunktion. Nicht dieses Tabu und Geheimnisbelastete „darüber spricht man nicht“. Alles ist so unkompliziert und klar wie Esscn und Trinken! Darum beneide ich sie. Und darin sehe ich auch die ganz große Chance! Sie haben die Möglichkeit, ihre Sexualität unbeschwert und heiter zu erleben. Sie brauchen sich nicht zu verstecken, keine Schuldgefühle plagen sie, die Angst vor Entdeckung fällt auch weg, sie haben da einen richtigen Schonraum zum Lernen, zum Lieben, zum Ver- und Entlieben. Dadurch fällt auch dieses Schwülstige, das Sexualität früher hatte, einfach weg. Ich glaube, daß sie dadurch mehr geeignetes Rüstzeug mitbekommen als wir es hatten!“

Bea ist da ganz anderer Ansicht: „Ich glaube nicht, daß diese Freizügigkeit zu besseren Ehen oder Beziehungen führt. Im Gegenteil! Ich finde es auch nicht besonders erstrebenswert, „Liebe machen“ mit Atmen und Essen und Trinken gleichzusetzen. Für mich ist sich lieben, ich meine jetzt sich körperlich lieben, immer noch etwas ganz Besonderes, fast Mystisches, etwas, das mich dem Himmel näher bringt! Wenn Liebe auf Sexualität reduziert wird, dann wird sie für mich konsumierbar, verliert ihr Geheimnis, verkommt zu Fastfood im Bett!“ (Hier wird Gegrummel und Protest von männlicher Seite hörbar!) „Ja, ich weiß, allgemein herrscht die Meinung, daß sich die männliche Sexualität grundlegend von der weiblichen unterscheidet, aber daran glaube ich nicht! Es gibt Menschen beiderlei Geschlechts, die von Liebe nichts begriffen haben und die Liebe mit Sexualität gleichsetzen. Aber das ist falsch! Es gibt natürlich Leute, die machen Sex, lieben sich aber nicht! Doch mit Eros hat das nichts zu tun! Das ist bestenfalls eine Art Körpertraining mit entspannender Wirkung und zwiespältigen Gefühlen! Aber Liebe, ich meine die tiefe Liebe, die Körper und Seele vereint, die führt zu ganz anderen Formen von Sexualität, das ist dann wie eine besondere Art von Meditation, das ist Eros! Und bei der heute praktizierten Form von Freizügigkeit unter den jungen Leuten fürchte ich, daß viele diese besondere Begegnung nie kennenlernen werden, weil sie durch zu frühe und zu vielseitige Begegnungen abgestumpft sind! Mir tun sie da eher leid, und bei meiner Tochter versuche ich da durch Gespräche Einfluß zu nehmen!"

„Durch Gespräche?" läßt sich da Beas Mann vernehmen, „du meinst durch Verbote und Repressalien!"

Bea läßt sich durch diesen Einwurf nicht erschüttern: „Gut, nenn's meinetwegen Repressalien, aber manchmal geht's halt nicht ohne!"

Jetzt meldet sich Bert zu Wort, seine Argumente kommen aus einer ganz anderen Ecke: „Ich bin ja für Sexualität und finde sie gut und wichtig. Trotzdem schaffe ich's nicht zu akzeptieren, daß der Freund meiner Tochter am Wochenende bei uns übernachtet! Ich finde mich da selbst hirnrissig, denn vom Kopf her weiß ich ja, daß mein Verhalten blöd und eifersüchtig ist. Ich zwinge mich dann zu mehr Toleranz und bin dann am Sonntagmorgen schlecht gelaunt, wenn die beiden zum Frühstück erscheinen. Der Freund meiner Tochter ist eigentlich ein netter Kerl, und ich nehme es dann mir selbst übel, daß ich ihn provoziere und dumm anrede! Aber wenn ich mir dann vorstelle, was der Kerl so alles mit ihr anstellt, dann packt mich die kalte Wut! Ich sehe sie dann immer noch als kleines Mädchen vor mir, so lieb und irgendwie unschuldig, ja, und dann paßt mir das alles nicht. Ute versucht dann immer auszugleichen, was die Sache noch schlimmer macht! Sie wird dann so richtig überfreundlich und betulich zu den beiden, und das finde ich dann ausgesprochen peinlich! Jedenfalls schaffen wir es beide nicht, wirklich entspannt und nett zu sein!"

Zum Abschluß noch die Mutter und der Vater zweier erwachsener Söhne:

Irene: „Bei uns ist das kein Problem! Wir haben den Jungen die Einliegerwohnung ausgebaut, und sie haben ihre Freundinnen da, wann sie wollen und solange sie wollen. Sie haben eine eigene Küche, und zum Frühstück oder zum Essen kommen sie nur, wenn ich sie gezielt einlade! Das ist dann immer ganz vergnüglich und lustig! Anfangs hatte ich da ein bißchen Probleme, weil die Jungen halt einen ganz anderen Geschmack haben als ich! Ich dachte immer, sie müßten so ganz was Besonderes anbringen! Inzwischen bin ich da viel toleranter geworden und mußte schon manches Vorurteil revidieren!"

Hans:" Ich finde es super, daß die Jungen es da so gut haben! Nette Mädchen, die sie lieben und mit denen sie ungestört schlafen können! Mei, wenn ich da an meine eigenen Erfahrungen in dem Alter zurückdenke! Das war horrormäßig! Erzkonservative und katholische Eltern, Sexualität ein absolutes Tabu, die gab es gar nicht! Das will ich meinen Söhnen auf alle Fälle ersparen! Die beiden sehen gut aus, und ich finde es prima, daß sie bei Mädchen Erfolg haben! Ich glaube schon, daß sie dadurch bessere Startbedingungen für eine spätere feste Beziehung haben. Sie haben ja viel mehr Erfahrung und dadurch eine viel realistischere Einstellung! Bei mir war das ja noch so, daß ich völlig unerfahren in meine erste Beziehung stolperte, und das Ergebnis war dann auch entsprechend! Wir mußten heiraten! Ein Kind war unterwegs, gleich beim erstenmal! Das muß man sich mal vorstellen! Wir waren eigentlich noch viel zu jung und beide mitten in der Ausbildung! Die Eltern haben uns dann unterstützt, den Jungen die ersten drei Jahre genommen. Aber wir hatten wirklich Glück! Es hat halt gepaßt, und deshalb hat's zwischen uns auch gehalten!"

Daß diese Zwangssituation den jungen Leuten heute erspart bleibt, das ist wohl der unumstrittenste Fortschritt unserer so viel liberaleren und freieren Haltung zur Sexualität.

Daniel zieht aus (29. Oktober)

Ein Tag wie jeder andere, ich bin in der Küche, und Daniel kommt nach Hause.

„Möchtest du auch einen Kaffee? Ganz frisch gemacht!"

„Ja, das trifft sich gut, denn ich muß sowieso mit dir reden. Ich habe eine Wohnung gefunden!" „*Was* hast du? Ich glaube, ich spinne!?"

„Wieso denn, es ist doch normal, daß erwachsene Kinder irgendwann mal ausziehen!"

„Aber doch nicht so plötzlich, so ganz ohne Vorwarnung! Es ist doch überhaupt nichts passiert! Warum willst du weg?" (Ich spüre, wie ich mit den Tränen kämpfe!)

„Na komm, mußt ja nicht gleich Pippi ins Auge kriegen! Ich bin ja nicht aus der Welt! Ich komme euch ja oft besuchen! Versprochen!"

Daniel will ausziehen! Mein ältestes Küken verläßt das Nest! Schon nächsten Monat. Ich gerate ganz schön ins Flattern!

„Fühlst du dich bei uns eingeengt? Hast du hier nicht alles, was du brauchst, Freiheit inklusive? Haben wir dir je Vorschriften gemacht?"

Eigentümlicherweise fühle ich mich persönlich gekränkt durch den Entschluß meines Ältesten! Es ist, als hätte ich meine Hausaufgaben schlecht und unvollkommen gemacht! Er will weg, also fühlt er sich zu Hause nicht mehr wohl. Wenn sich jemand aus unserem Clan nicht wohlfühlt, wer hat daran schuld? *Du* selbst! – Wieso ich? Ist es nicht ganz normal, wenn ein mittlerweile 23jähriger das heimische Nest verläßt? Hättest du ihn nicht schon vor drei Jahren über den Nestrand schubsen müssen? Hast du diesem Moment nicht entgegengefiebert: endlich mehr Platz und Zeit für dich selbst! Du könntest dir sein Zimmer zum stillen Refugium ausgestalten: endlich Platz für all die Kuriositäten, die du im Laufe der Jahre getrödelt (Flohmarktfan) hast! Dein „fernöstlicher Divan", dein Zauberreich aus „Tausendundeine Nacht" wird endlich Wirklichkeit! Du wirst meditieren, regenerieren. Deiner brachliegenden Kreativität sind keine Grenzen mehr gesetzt. Du wirst dich vom mausgrauen Nutzwesen in einen buntschillernden Falter verwandeln, der sich in ungeahnte Höhen schwingt!

Daniels Auszug werden drei weitere Auszüge folgen, nicht sofort, aber so peu à peu wirst du dein „buntschillerndes Falterdasein" ungestört auf den ganzen Tag ausdehnen können! Da kommt Freude auf! – Oder doch nicht so recht?

Justus' Stimme holt mich in die Realität zurück: „Super, wenn er weg ist, kann ich ja sein Zimmer haben. Meins ist so dunkel und auch zu klein!

Zwei Wochen später. Daniel ist ausgezogen! Seinen Umzug hat er allein gemacht. Unsere Mithilfe war nicht erwünscht. „Rent a Car" und siebenmal hin und her: Sein Zimmer gähnende Leere, sein Platz am Tisch verwaist. Auch ich bin ganz plötzlich zur Waise geworden – zumindest zur Halbwaise. Ich fühle mich wie amputiert! In mir steigt eine traurige Ahnung auf: Unser „Clan", diese Schutz- und Trutzgemeinschaft, fängt an zu bröseln, sich aufzulösen. Eine Gemeinschaft, die mir unauflösbar erschien, sozusagen mit Ewigkeitscharakter, entpuppt sich als das, was sie ist: als eine Lebensform und eine Lebensphase, die zeitlich beschränkt ist.

Wie es wohl den anderen damit geht? Und die Mutter schauet stumm auf dem ganzen Tisch herum! (Stammt aus dem „Struwwelpeter!) Die Betroffenheit der Geschwister hält sich in Grenzen! Justus hat bereits angefangen (*drei* Stunden nach dem Auszug!), sein neues Zimmer in Besitz zu nehmen. Die Schwester freut sich an dem zurückgelassenen Recorder und dem geschenkten Teeservice, und der Jüngste meint lapidar: „Endlich Ruhe beim Essen!" Der tägliche Kleinkrieg, bevorzugt am Tisch bei den gemeinsamen Mahlzeiten ausgetragen, hatte alle wohl mehr genervt als beglückt. Nur A., der Vater (der durch seine täglichen Scharmützel nicht unerheblich zum beschleunigten Auszug beigetragen hat), plaudert ein bißchen zu forciert heiter mit den beiden Jüngsten. Seine Scherze und Pointen kommen zu kalkuliert, um wirklich locker zu sein. *Ihn* hat es wohl auch erwischt!

In meinem Kopf laufen Dutzende von Filmen gleichzeitig ab, die zurückliegenden Jahre ziehen an meinem inneren Auge vorbei. Beim sechsjährigen Daniel und seinen oft so liebevollen, kleinen Gesten angekommen, setzen bei mir sintflutartige Tränenströme ein! Einsam und verloren sehe ich ihn zwischen seinen Umzugskartons sitzen. Ohne Speis' und Trank, ohne Ansprache, von aller Welt verlassen! Mein armes, unglückliches Kind! Daß es sich bei dem unglücklichen Kind um einen mittlerweile 23jährigen jungen Mann handelt, entgeht mir bei meiner „Trauerarbeit". (Übrigens ergaben spätere Recherchen, daß der besagte Knabe mitnichten allein zwischen seinen Kisten saß! Eine muntere Freundesriege stand mit Rat und Tat zur Seite, und just als ich in Tränen schwamm, delektierte sich die Umzugscrew beim nahen Italiener an Pizza und begoß die errungene Freiheit mit Chianti rosso!)

Aber *meine* Welt, die war ernstlich ins Wanken geraten! Fazit: „Jetzt sind wir keine richtige Familie mehr!" Daß ich damit bei der „Restfamilie" nur einen Heiterkeitserfolg buchen kann, macht es auch nicht leichter. Was ist eine richtige Familie? Eine richtige Familie bleibt immer eine Familie, auch wenn die einzelnen Familienmitglieder in alle Winde zerstreut sind. In Krisensituationen sind sie füreinander da. Ganz allein steht man nie! Wirklich nicht? Immerhin liegen, so Gott will, noch satte vierzig Jährchen vor dir! *Ohne* Familie! (wie's derzeit aussieht!). Fast die Hälfte deines Lebens! – Strenge also deine kleinen grauen Zellen an und denke endlich darüber nach, wohin der Weg geht!

Ahnungslos und wohl auch bequem war ich in die Ehe getappt. Ausgerüstet mit einem sogenannten „Ehemündigkeitszeugnis" – jawohl, denn ich war noch nicht volljährig –, beseelt von der Hoffnung und dem Glauben, diese meine Familie in ein „Paradise Island" zu verwandeln! Ich wollte, wie schon gesagt, Mutter von vier, besser noch sechs Kindern sein. Kind unter Kindern sein, alles wollte ich nachholen. Und jetzt, was war von meinem Traum geblieben? Immerhin 23 lebendige Jahre mit viel Freude und Spaß, mit manchem Ärger und Zoff, mit Hoffnungen, die sich erfüllten und mit solchen, die sich nicht erfüllt haben.

Und nun habe ich bald die Chance, mir einen neuen, aber völlig anderen Traum zu schaffen, den einer Solistin mit all ihren Möglichkeiten und Abenteuern!

Daniel ist weg!
(4. November)

Seit fünf Tagen ist Daniel nun weg! Ich mutiere zum Trauerkloß! Sein schnoddrig hingeworfenes: „Gibt's nichts zu Essen?" Alles vorbei! Am Nachmittag, als er sicher sein kann, daß sein Vater noch nicht zu Hause ist, kommt er kurz vorbei, ein paar vergessene Sachen holen. Ich entwickele geradezu hektische Emsigkeit, packe alles ein, was Küche und Keller zu bieten haben. Als gälte es, einer Hungersnot vorzubeugen! Gerührt zieht er mit Tüten und Taschen davon. Ich fühle mich traurig und leer – der Kühlschrank ist es auch!

Doch schon braut sich die nächste Katastrophe über meinem ahnungslosen Haupt zusammen! Nur knapp drei Wochen nach dem Bruder, am Frühstückstisch, zwischen Käsesemmel und Marmeladenbrot, läßt uns Justus wissen, daß auch er jetzt eine schnuckelige, kleine Wohnung gefunden hat und uns zu verlassen gedenkt. Ich muß an das Kinderlied von den zehn kleinen Negerlein denken ... Unaufhaltsam schrumpft da der muntere Trupp, bis am Schluß nur noch ein kleines, trauriges Negerlein übrig bleibt! Und dieses eine, verlassene Negerlein heißt in meiner Version „Lilo".

Aufruhr und Panik in meinem Inneren! Was, wenn sich bei der dann anstehenden „Selbstfindung" herausstellen sollte, daß es nichts zu finden gibt? Wenn die von mir so hingebungsvoll gelebte Mutterrolle barmherzig ein sich dahinter befindliches großes Vakuum verhüllte? Wenn ich dieses zweite Leben mit seinen vielen Möglichkeiten nicht nutzen kann, weil ich verlernt habe, meine eigenen Bedürfnisse und Wünsche wahr zu nehmen?

Fragen über Fragen! Trotz allem, diesmal vollzog sich der Auszug schon merklich gelassener. Ein Teil der Sippe half beim Umzug, und bevor ich mich versah, da waren wir nur noch vier! Dank meines autogenen Trainings gelang es mir diesmal sogar, öffentliche Tränen- und Schluchzaktionen zu vermeiden; vielleicht auch, weil mein letzter „Trennungsschock“ so kurz zurück lag! Wir gaben uns alle betont heiter und priesen laut die eingekehrte Ruhe, besonders die bei Nacht. Pflegen doch gerade im Schatten der Nacht mannigfaltige Ängste so manch zaghaftes Mutterherz heimzusuchen. Aushäusige Kinder sorgen dann für beschleunigten Puls und erhöhten Blutdruck. Jede Mutter hat wohl ihre ureigene „Horror-Repertoire Kiste“!

Alsdann, lehne dich entspannt zurück und genieße die dir vergönnte Verschnaufpause!

Von Masern und Vampiren (25. November)

„Eltern sind wie Masern“, sagt mein Jüngster und guckt mich mit gespielter Unschuld erwartungsfroh an.

„Kinder sind Vampire“, sage ich und gucke unschuldig zurück.

„Vampir wird man erst durch den Biß eines anderen Vampirs“, überlegt der Sohn und lächelt listig.

„Und da komme dann wohl nur ich in Frage?“ lächle ich zurück. „Übrigens, warum sind Eltern wie Masern? Erklär' mir das doch mal.“

„Na ja, sie sind halt etwas, das man hat und wo man nichts dagegen machen kann.“

„Nichts dagegen machen?“

„So eine Art notwendiges Übel, wenigstens manchmal. Aber es ist trotzdem gut, daß man sie hat."

„Aha!"

„Man wird widerstandsfähiger und dadurch immun", erklärt mir der Sohn. Die Ironie ist nicht zu überhören, und ich ziehe es aus strategischen Gründen vor, das Gespräch nicht zu vertiefen.

Sag mir, wo die Väter sind ... *(27. November)*

Wo sind sie geblieben? Natürlich sind auch sie vom „Loslassen" betroffen, aber meist läuft dieser Prozeß bei ihnen weit unspektakulärer ab als bei den Müttern! Falls sie überhaupt noch konkret in der Familie vorhanden sind. Sie haben das Loslassen ja von Anfang an geübt. Morgens aus der Tür, und erst am Abend mehr oder weniger spät von der Arbeit zurück, sind die Chancen für enge Vater-Kind-Symbiosen wesentlich geringer. Ein breiteres Experimentierfeld bietet das Wochenende. Da die Spezies Mann aber offensichtlich weit weniger Probleme im Umgang mit eigenen Wünschen und Neigungen hat, beschränkt sich auch da ihre Anwesenheit nicht selten auf ein paar Stündchen. Größere Kinder, dies muß der Fairneß halber gesagt werden, integrieren sie allerdings häufig in ihre eigenen Wochenendaktivitäten, oft zur beidseitigen Freude und Zufriedenheit. Vorausgesetzt, es handelt sich nicht gerade um Stammtischbesuche oder ähnliches. Daß das abendliche Gastspiel häufig mit gemeinsamem Abendessen, dem Abfragen einiger Vokabeln (Ausnahme!), ein bißchen Fernsehen (Vorsicht Zündstoff „Programmwahl"!) und einem Gute-Nacht-Bussi abgegolten ist, versteht sich von selbst. Dafür will ich nicht unbedingt mangelndes Interesse der Väter verantwortlich machen. Meist sind sie nach einem stressigen Arbeitstag (Leistungsgesellschaft!) schlicht zu müde und erschöpft, um am Abend noch mal volle Leistung zu bringen! Hier müßte sich in unserer Sozialstruktur etwas Grundsätzliches ändern. Die Möglichkeit eines Job-Sharings müßte jedem Familienvater, der mehr Zeit für seine Kinder haben will, offenstehen.

Dann gibt's da noch die „alleinerziehenden Väter" (inzwischen werden es immer mehr), die sich nach einer Scheidung nicht mit der Rolle des zwei-wöchentlichen Besuchsvaters zufrieden geben. Sie schaffen das, was für Tausende von berufstätigen Müttern längst selbstverständlicher Alltag ist, nämlich beides, Beruf und Kind, unter einen Hut zu bringen. Meist machen diese Väter das sehr engagiert und gut, und mit Sicherheit sind ihre Kinder nicht die unglücklichsten! Was mich daran ärgert, ist lediglich das große Trara, das um sie gemacht wird! Besonders Frauen geraten bei solch einem Vater förmlich in Ekstase: Was für ein Mann! Warum wird bei Millionen von Frauen dieselbe Leistung kaum wahrgenommen? Wieso ist das bei einem Mann so etwas anderes? Ich glaube, da müssen wir Frauen umdenken, denn diese Verhaltensmuster werden von uns nicht unerheblich mitgeprägt!

Daß der alleinerziehende Vater dann beim „Loslassen" dieselben Symptome wie die verlassene Mutter zeigt, finde ich hochinteressant! Beweist das doch, daß es sich bei diesen so widersprüchlichen Gefühlen um kein geschlechtsspezifisches Verhalten handelt. Es entwickelt sich offensichtlich bei der „Brutpflege", beim täglichen intensiven Umgang mit den Kindern! Und wird er dieser Rolle über einen längeren Zeitraum gerecht, dann mutiert offensichtlich auch das männliche Geschlecht zur flügelschlagenden Glucke!

Bonjour Tristesse!
(30. November)

Was ist zum Nachdenken, Grübeln und Reflektieren besser geeignet als so ein grauer, verhangener Novembertag? Draußen graupelt es, und ich sitze hier drinnen in meiner Kuschelecke mit herrlich heißem Tee und pflege meine Melancholie.

Ob ich mir zwei Kerzen anzünde? Das muß ich erst lernen, den Tisch für mich allein festlich zu decken, die Kerzen nur für mich anzuzünden. Zu lange habe ich diese Dinge nur mit Blick auf andere, die Kinder, den Mann gemacht. – Ja, es lohnt sich auch, für dich alles so schön wie möglich zu machen. – Was heißt hier *auch*? Gerade für dich lohnt es, da zuallererst!

Die Kerzen brennen, gut hast du's hier! So richtig zum Träumen! Nur, mit fünfzig träumt sich's anders! Es ist, als ob ich eine andere Brille trage. Die Realität hat mich eingeholt. Wie können nur drei kurze Jahre alles so verändern? Fast lächerlich kommt es mir heute vor, daß ich allen Ernstes bis zu diesem Zeitpunkt das Gefühl hatte: Du kannst alles noch erreichen und verändern. Das war fast so ein Gefühl von Unsterblichkeit, so als ob das Lebenskonto immer voll bleibt, sich nie erschöpft. Und dann, ganz plötzlich, platzt der Knoten: Du begreifst, dein Glas ist schon mehr als zur Hälfte leer. Du erschrickst, ja, der größere Teil (an Jahren) liegt bereits hinter dir. Du fängst an zu rechnen: Fünfzig und zwanzig, das ergibt immerhin schon siebzig! Zwanzig Jahre sind lang, da kannst du noch viel erleben und erlernen! Aber komisch, in letzter Zeit kommt es dir vor, als ob das Jahr nur noch halb so lang ist! Natürlich hat es immer noch 365 Tage, aber die rasen und rasen! Wie lang kam dir früher, als du noch ein Schulmädchen warst, so ein Schuljahr vor. Von den einen großen Ferien bis zu den nächsten, das war eine halbe Ewigkeit. Heute hast du gerade deinen fünfzigsten Geburtstag verdaut, da steht schon der 51. vor der Tür! Die Zeit fliegt dir davon. Du begreifst, zwanzig Jahre, das ist nicht mehr so viel. Die nächsten zehn Jahre mußt du voll nutzen! Jeden Tag bewußt leben und gestalten. Du kannst mit deiner Zeit nicht mehr so verschwenderisch umgehen, denn sie ist begrenzt, nicht unerschöpflich. Du fängst an, klarer zu trennen: *Was* ist mir wichtig, oder *wer* ist mir wichtig. Früher hast du viel Zeit vertrödelt, hier ein bißchen geschwätzt, dort ein wenig getändelt. Das ist vorbei. Die Prioritäten haben sich verschoben. Die Zeit wird rarer, und die Kriterien, mit wem du sie teilst, werden unbarmherziger.

Auch äußerlich setzt ein Wandel ein. Nein, du verlierst deine körperliche Attraktivität nicht wie deine Jungfräulichkeit, ruckzuck, und plötzlich ist alles anders. Das kommt ganz langsam, schleichend, sozusagen auf Sammetpfötchen. Du merkst es kaum. Ganz langsam veränderst du dich. Deine Schönheit verlagert sich mehr nach innen. Dein Potential an innerer Schönheit nimmt in dem Maße zu, wie es äußerlich mehr zurücktritt! Im Idealfall! Nein, sag mir jetzt nicht: Was nützt es, wenn meine innere Schönheit zunimmt, aber keiner merkt es!? Keiner pfeift mir mehr nach?! Laß dir sagen, das mit dem Nachpfeifen hat sich sowieso verändert. In unserer Generation wurde noch nachgepfiffen, aber sag' selbst, siehst oder hörst du jemals einen dieser coolen, smarten boys hinter wem auch immer herpfeifen? Na also! Ja, ich weiß, das alles ist beunruhigend! Gilt für Frauen doch immer noch die Forderung nach Anmut und Schönheit! Zumindest für Frauen, die Männer mögen. Und genau da liegt unsere Chance. Es gilt, sich neu zu definieren, jenseits antiquierter Vorstellungen das innere Potential zu päppeln und zu pflegen. Nach außen strahlt es dann von allein. Und diese Schönheit, die hat dann viel mit Reife und mit Innerlichkeit zu tun! Irgendwo habe ich einmal gelesen: Die körperliche Mutterschaft ist beendet, jetzt beginnt die geistige Mutterschaft. Das hat mir sehr gefallen. Es bringt die Sache auf den Punkt! Ich merke an mir selbst, wie spannend und aufregend diese Entwicklung ist. Was habe ich früher alles gesammelt: alten Schmuck, altes Glas, Porzellan ... Und jede Neuerwerbung versetzte mich in einen Begeisterungstaumel! Heute ist es umgekehrt. Gefällt einem lieben Menschen etwas davon, dann schenk ich's ihm. Ich kann gar nicht mehr verstehen, wie wichtig mir diese Sachen waren. Statt anzuhäufen, reduzieren. Das macht frei! „Loslassen" auch von Dingen! Die Vergänglichkeit ist unsichtbar immer da. Nicht beängstigend, nein, ganz selbstverständlich! Das gibt den Dingen eine neue Dimension, eine Transparenz, die in Wichtiges und Unwichtiges teilt. Ich bin neugierig, wie es weitergeht und wie sich alles entwickelt in den kommenden Jahren.

Nachdenken über Bienen, Mütter und einiges mehr (17. Dezember)

Wenn in kurzem Abstand gleich zwei Küken das Nest verlassen, dann sei der trauernden Hinterbliebenen (mir!) ein kleiner Rückblick gestattet.

Unser Familienverband löst sich nun langsam auf. Der nächste Auszug steht bevor. Es wird mein eigener sein.

Als Paar haben wir offensichtlich versagt, als Elternpaar waren wir ganz passabel! Heute, rückblickend, würde ich sagen, das eine hat das andere bedingt. Wie ich das meine? Die Hauptschuld (soweit man da überhaupt von „Schuld" sprechen kann) trifft wohl mich. Umgeben von einer immer größer werdenden Kinderschar, hatte ich unser „Paargeschehen" völlig aus den Augen verloren. Ich war die absolute „Bienenkönigin", die nach erfolgreicher Paarung das Männchen, bei mir den Mann, völlig vergißt. Vielleicht frißt sie ihn sogar auf (Proteiene für die Brut), ich spreche hier natürlich von den Bienen! Bei mir sah das wohl so aus, daß ich vor lauter Mutterglück den dazugehörigen Vater (und vor allem Geliebten) völlig vergaß oder hintanstellte. Zuerst kamen die Kinder, dann kamen nochmals die Kinder und wieder und wieder, dann kam Sendepause (Mutter war zu erschöpft!), und dann kamen wir als Paar. Rückblickend macht mich das richtig traurig! Ein kreativer, interessanter Mann, an seiner Seite eine Übermutter, die zu diesem Zeitpunkt als Geliebte eine ziemliche Null war! Ich erinnere mich da an gute Freunde von uns, die Frau sagte mir immer (sie hatte übrigens auch drei Kinder!): „Zuerst kommen *wir*, dann die Kinder! Denn *wir* werden noch zusammensein, wenn die Kinder längst weg sind!" Für mich schien sie damals die Inkarnation einer „Rabenmutter". Heute würde ich sagen: Was für eine kluge Frau!

Unser Weg war somit vorgezeichnet. Eine Beziehung, deren Wachstum lediglich am Wachsen der Kinder abzulesen ist, hat keine Zukunft. Ist die Aufzucht der Kids beendet, ist meist auch die Beziehung beendet! Das soll natürlich nicht heißen, daß solche Paare nun absolut keine gemeinsame Chance mehr haben. Aber da der Dialog zwischen ihnen schon lange abgebrochen ist (wenn man von den Gesprächen über die gemeinsamen Kinder mal absieht), muß von beiden Seiten viel Bereitschaft und guter Wille mitgebracht werden, um den festgefahrenen Karren wieder aus den Dreck zu holen! Vollends erschwert wird die Lage dadurch, daß dieser Zeitpunkt meist deckungsgleich mit der Trauerarbeit über den „Verlust" der Kinder ist und bei der Frau (falls nicht schon immer berufstätig) mit der Suche nach neuen Inhalten zusammenfällt! Eine Beziehung, aus der „die Luft raus ist", ein verwaistes Haus, und das (zugegeben oft nur subjektive) Empfinden, auch die rein körperliche Attraktivität sei auf dem Rückmarsch, macht das Problem (zumindest aus weiblicher Sicht) nicht kleiner. Von Hormonen, die in dieser Altersgruppe verrückt spielen, wollen wir lieber gar nicht erst reden. Ist die beidseitige Liebe nur verschüttet, aber noch vorhanden, so sind bei viel Fingerspitzengefühl die Reanimationsversuche durchaus lohnend und, Gott sei Dank, gar nicht so selten erfolgreich!

Bei uns gab es aber nichts mehr zu reanimieren! Der Zug war abgefahren. Zu viel Streit, zu viele gegenseitige Verletzungen. Trotzdem versetzte mich die Vorstellung, dies alles zu verlassen und aufzugeben, in Panik. Es war, als gäbe der Boden unter meinen Füßen nach. Ich fühlte mich ausgesetzt und heimatlos. Einzig die Gewißheit, daß meine beiden Jüngsten mit mir kommen würden, gab mir die Kraft, mich auf die schwierige Wohnungssuche zu machen. Als dann am zweiten Tag, auf dem Weg zur sechsten Besichtigung, auch noch mein altes Auto den Geist aufgab, da erschien mir das als Fingerzeig, als Strafe der Götter! Ich bewegte mich auf verbotenem Pfad! Wollte Heim und Hof (sprich Familie) aus egoistischen Gründen im Stich lassen! Damals hielt ich jeden Grund, der meine eigene Person betraf, für egoistisch und damit für unzulässig! Hätte mir zu diesem Zeitpunkt jemand gesagt, daß mein Jüngster nicht mitkommen wird, daß er spontan beim Vater bleiben wird (da dieser sonst völlig verwaist zurückbleiben würde), ich glaube, ich hätte das Handtuch geworfen, mich in meine traditionelle Rolle ergeben! Wie stellten sich die Kinder zu meinen umstürzlerischen Plänen?

Die beiden „Großen" (inzwischen vom Elternhaus unabhängig) unterstützten mich bei meinen Bemühungen. Sie kannten unsere Schwierigkeiten, kannten meine eng umrissene Rolle im Familienverband! Sie machten mir Mut zu einem autonomen, selbstbestimmten Leben. Für die beiden „Kleinen" war das viel schwieriger: Ihr gewohntes Umfeld, alles was ihnen vertraut und lieb war, geriet ins Wanken. Sie waren verunsichert und ratlos. Heute würde ich sagen, sie waren hoffnungslos überfordert, fühlten sich mindestens so heimatlos wie ich selbst. Es hat lange gedauert, bis sie anfingen, ihr verändertes, neues Leben zu akzeptieren. Äußerlich ruhig und vernünftig (viel zu vernünftig!), hatten sie ihren Part auf sich genommen. Das ganze Ausmaß dessen, was wir ihnen angetan hatten, wurde mir erst viel später bewußt! Und mit dem Gefühl der Schuld, diesem Gefühl, versagt zu haben, damit werde ich leben müssen!

Führt absolute Bedürfnisbefriedigung zu Egoismus und Überheblichkeit? (8. Dezember)

Ist das so? Ich würde sagen ja und auch nein! Ich spreche hier zwar in erster Linie über Mütter und Kinder, aber das gilt mit Sicherheit auch für jede andere Art von Beziehung.

Habe ich durch zu viel Verwöhnen meine Kinder zu selbstsüchtigen Egomanen gemacht? – Vielleicht ein bißchen, in Maßen!

Im Grunde ist das die Realität einer ganz normalen Familie. So oder ähnlich spielen sich „Familientragödien", passender gesagt, „Familienkomödien", in Tausenden Familien ab. Du hast versucht, vier ganz unterschiedliche kleine Individuen zu hegen, zu pflegen und zu fördern. Im großen Ganzen ist dir das ja auch ganz gut gelungen. Unabhängig und autonom sind sie geworden! Ja, auch stark und durchsetzungsfähig, hast du doch nach bestem Vermögen versucht, Unterdrückungsmechanismen und Erpressung aus deinem Erziehungskonzept herauszuhalten. Zugegebenermaßen mit mal mehr mal weniger Erfolg! – Und da sitzt du nun und tust dir leid! Warum? Es ist doch alles gut gelaufen! Daß sie ihre Kritikfähigkeit an dir erproben, ist doch naheliegend und normal! Daß sie ihre Unabhängigkeit zuerst von dir wegführt, ist normal bis erwünscht! – So, wünschst du dir nicht? Das ist einzig dein Problem! Denk dran: Loslassen ist angesagt!

Daß sie manchmal mit harten Bandagen kämpfen, sich durchsetzen wo's geht, das hast *du* gefördert! Sie sollten stark werden, sich nicht unterdrücken lassen, leidest du doch noch heute unter deinem eigenen Mangel an Durchsetzungsfähigkeit. Dies sollte *deinen* Kindern erspart bleiben! Über was jammerst du nun eigentlich? Alles ist gut gelaufen, Klassenziel erreicht! Abitursaufgabe bestanden! Ach, dir kommen zarte Zweifel, ob du vielleicht ein bißchen einseitig ...? Keine Sorge: Die andere Seite ist auch entwickelt! Erinnere dich doch, als du vor drei Wochen die schlimme Grippe hattest! Matt wie eine Stubenfliege lagst du in deinem Bett! *Wer* hat dir da die wunderbaren Kräutertees gebrüht, und wer hat dir Wadenwickel gemacht und dir die Zeitung vorgelesen? Na, also! Du hast keinen Grund zu klagen, und sie sind ja erst auf dem Weg! Was aus deiner Familienutopie geworden ist? Du, fröhliches Kind unter Kindern? Hast du wirklich geglaubt, du könntest auf diese Weise deine unerfüllten Kindheitssehnsüchte nachholen? Oh du göttliche Einfalt, du! Du bist hier nicht Kind unter fröhlichen Kindern, du bist hier Notstation, Prellbock, Feuerwehr, Sündenbock, Trostpflaster! Kurz: du bist hier Mutter!! Und das, was du jetzt vor dir siehst, ist die Realität, die Wahrheit! Und die ist nicht mal so übel! Vier gesunde, wohlgeratene Kinder auf der Suche nach sich selbst! Daß dazu eine Portion Egoismus gehört, versteht sich von selbst. Die ist nicht nur erlaubt, sondern nötig!

Eine Weihnachtsgeschichte (25. Dezember)

Kennt ihr auch das frustrierende Gefühl, alles, aber auch alles und jedes hat sich gegen euch gewandt? Mir ging das zum Beispiel gestern wieder so. Sagt jetzt bloß nicht: „Mann, oh Mann,Weihnachten!" Ich will hier ja weiß Gott niemanden die Freude an diesem so besinnlichen und gehaltvollen Fest vergällen! Nein, das, was mir da passierte, ist ja nur ein Beispiel für ähnliche Erlebnisse auf allen möglichen Gebieten mit den unterschiedlichsten Leuten – eine dicke Perle auf der „Frust-Kette", die sich wie ein roter Faden durch mein Leben zieht und die nur durch Veränderung der eigenen Person, durch Anpeilen neuer Prioritäten und durch das Umsetzen gewonnener Erkenntnisse veränderbar ist. Leider tut sowas zuerst mal weh ...

Daß das nun zufällig am „Heiligen Abend" passierte, macht die Sache auch nicht schlimmer. (Obwohl ich zugeben muß, daß gerade der 24. mich bislang besonders anfällig für rührselige, tränenreiche Darbietungen machte.)

Es fing damit an, daß ich mich mit Übereifer daran machte, für meine „lieben Kleinen" nach Überraschungsgeschenken zu fahnden. Daß es sich bei den so zu Überraschenden mittlerweile um sehr eigenständige und eigenwillige junge Erwachsene handelt, entging mir in meiner ungebremsten Vorfreude. Jedes dieser bezaubernden und sensiblen Geschöpfe sollte seine ganz persönlichen, nur auf es abgestimmten Gaben unterm Baum finden. Letzterer war zwar schon im vorletzten Jahr Modernisierungsbemühungen meiner Lieben zum Opfer gefallen („Was soll dieser sentimentale Firlefanz, wir sind doch keine kleinen Kinder mehr!"), aber die liebgewonnene Gewohnheit, sich reichlich beschenken zu lassen, hatten sie bei ihrer Neuorganisation barmherzig ausgespart! Wollten sie der lieben Mutter doch auch ihre kleinen Freuden lassen. Die wär' doch total frustriert, wenn sie ihren Nest- und Bruttrieb so plötzlich nicht mehr ausleben dürfte! Also schwelgte ich ungebremst in meinen Vorbereitungen, und der ersehnte Abend nahte. Alles hatte ich phantasievoll eingetütelt und bebändert. Endlich der ersehnte Countdown, das große „Aha-Erlebnis" nahte.

Es sollte ein denkwürdiger Abend werden, ach, es wurde ein absolut einmaliger Abend, der unser Weihnachtsfest für alle Zeiten revolutionieren sollte. Es begann mit meiner lieben Tochter: Neugieriger und somit flinker, war sie bereits beim Austüteln. Und in ihrer direkten und so erfrischenden Art fragte sie nur: „Warum kaufst du mir solch scheußliche Klamotten", und dann anklagend: „Du bist so gedankenlos, aber macht ja nichts, ich laß alles gleich da, dann kannst du's vielleicht jemand anderem schenken."

Wie verhält Frau sich nun als souveräne Mutter und Freundin? – Nein, falsch!! – Frau läßt ihren aggressiven Regungen keine Chance, nein, sie haut dem Herzenskind den schwarzen Mini nicht um die Ohren und auch die Seidenbluse und den Schminkkoffer nicht! Die souveräne Mutter antwortet ruhig, beherrscht, mit einer gewissen Distanz und dennoch genügend Wärme in der Stimme etwa so: „Ach, wie schade, daß ich deinen Geschmack nicht getroffen habe, ich hoffe, du bist nicht allzu enttäuscht, und im übrigen: Ich finde es toll und sehr positiv, daß wir uns das alles so offen sagen können, das spricht für unsere Beziehung!" So oder ähnlich wäre es erstrebenswert. Bei mir ging die Rechnung leider nicht auf. Abgewiesen und unverstanden, zerfloß ich in peinlichem Selbstmitleid und kämpfte gegen die ersten Tränen an. Als dann mein Zweitältester das geschenkte Hemd kommentarlos an seinen älteren Bruder weiterreichte – „Willst du's"? – nahm meine gedrückte Festesstimmung auch keinen positiven Aufschwung. Der Jüngste war derweil damit beschäftigt zu überlegen, warum sein Eau de Toilette nicht von der von ihm als absolut obligatorisch betrachteten Marke war. (Das kleine Fläschchen schon für läppische 120 Mark zu haben. Vollständigkeitshalber sei noch erwähnt, daß der Knabe mit dem treffsicheren Geschmack zum Zeitpunkt des Geschehens knappe siebzehn war). Er kam zu dem erfreulich pragmatischen Schluß, sein Vater könne das eben erhaltene Fläschchen sicher gut gebrauchen und dafür einen angemessenen Obolus zur Wunschmarke beisteuern. Seine beiden Boxershorts ließ er praktischerweise gleich da (tragen unter den Jeans zuviel auf und entstellen damit den Traum-Body). Das Hemd wurde diesmal nicht an den ältesten, sondern an den zweitältesten Bruder weitergereicht, womit dieser doch noch zu einem Hemd kam.

Damit war der praktische Teil des Rituals „Kleine Geschenke erhalten die Freundschaft" beendet. Was nun folgte, war die amüsant-geistreiche Analyse des Schenkens im allgemeinen und besonderen. Der mitfühlend eingeworfene Satz meines damaligen Freundes: „Ihr habt eure Mutter sehr verletzt, denkt einmal nach, wie würdet ihr euch fühlen?" ging relativ unbeachtet in den witzig-originellen Diskussionsbeiträgen meiner vier Kinder unter. Ich kämpfte noch ein Weilchen um den Rest von Contenance (wir waren inzwischen bei dem von mir in zweitägiger Vorbereitung gezauberten Weihnachtsmenü bei Gang vier: Nachspeise, Mousse au Chocolat schwarz und weiß, angelangt), da platzte mir endgültig der Kragen. Was dann folgte, ist mit gewählten Worten kaum zu beschreiben: Mein innerer Vulkan kam abrupt zum Ausbruch und ergoß sich in Gestalt sehr unschöner, böser Worte über das wehrlose und überraschte „Kindervolk". Die nächsten anderthalb Stunden waren wir (meine Konsumgeier und ich) dann bei Tee und selbstgebackenen Plätzchen damit beschäftigt, Scherben aufzukehren und zu kitten, was noch zu kitten war. Als wir uns gegen zwölf trennten, die ängstliche Frage „Du bist uns doch nicht etwa böse?"

Nein, bin ich nicht! Im Gegenteil! Letzte Weihnacht war für die nächsten Jahre wirklich die letzte. (Vielleicht später mal wieder? man sollte niemals *nie* sagen.) Ich freue mich bereits aufs nächste Weihnachtsfest! Vier kleine Couverts mit einem Schein zu bestücken, dazu ein winziges Kärtchen. „Bussi-Mama" – alles schnell erledigt. Und dann ab ins Flugzeug, ab in die Sonne!

Herrlich! Davon habe ich Jahre geträumt: Keine Plätzchen, keine Geschenke, keine falsche Rührseligkeit, endlich frei von dem Zwang, jedes Jahr zu müssen („die Kinder hängen ja so an den alten Gewohnheiten und Ritualen"). Also, hier nochmal ganz offiziell, meine Lieben: Ich danke euch für die längst überfällige Lektion! Auf zu neuen Ufern! Ein Ritual, das nur noch sinnentleerte Hülle ist, sollte durch neue, lebendige Rituale ersetzt werden.

Über „Weicheier" und harte Grenzen (28. Dezember)

„Kinder suchen sich genau die Eltern, die sie brauchen", sagt meine Freundin Greta.

„Eltern, die nicht mit aller Konsequenz Grenzen ziehen, sind unfähige Weicheier, zu bequem, sich einer Auseinandersetzung zu stellen, unfähig!" sagt mein Freund Peter.

„Den Kindern bereitwillig jeden ihrer Konsum-Wünsche zu erfüllen, das hat Alibi-Funktion! Es ist sozusagen die schlimmste Form, sich mit Einsatz von Geld vor der Verantwortung drücken. Statt Liebe, Verständnis, Zeit aufzuwenden, die armen Kerlchen mit Geld abspeisen und sich sich freizukaufen!" schimpft Barbara.

Doch grau ist jede Theorie! Wenn das alles so einfach wäre! Gretas These gefällt mir noch am besten. Damit können sich meine permanenten Schuldgefühle endlich mal schlafen legen! Wenn sich meine Kinder, sozusagen schon vor ihrer Geburt, oder noch besser: vor ihrer „Zeugung" die ihnen gemäßen Eltern gewählt haben, dann bin auch ich, wenigstens ab und zu, nicht in der Pflicht, brauche nicht immer perfekt zu funktionieren, kann mir ruhigen Gewissens mal den einen oder anderen Schnitzer leisten. Schließlich haben sie ja *mich* gewählt, und das heißt: Es paßt! Mit genau meinen Macken können sie umgehen! Vielleicht tun sogar genau meine Unzulänglichkeiten ihnen ausgesprochen gut? Ich muß sagen, der Gedanke hat etwas für sich. Am besten, ich stelle das Thema beim nächsten Mittagessen zur Diskussion!

Und wie ist das mit Peters Theorie? Peter hat selbst keine Kinder, trotzdem verfügt er über genügend „Knowhow", schließlich ist er Lehrer! Andererseits kommt es gar nicht so selten vor, daß gerade Lehrer mit Problemkindern geschlagen sind! Bei Peter fällt das natürlich flach, er hat keine Kinder. Aber „hautnahe" Praxis fehlt ihm dadurch auch! Und reine Theorie ist nichts als Schall und Rauch! Was meint er nur mit „deutlichen" Grenzen? Gibt es auch „undeutliche" Grenzen? Entweder Grenzen oder grenzenlos! Ich bin da ja eher in der Nähe des „Grenzenlos" angesiedelt. Von seiner 68er Vergangenheit kommt man halt nicht so ohne weiteres los! Ich hasse es, Druck auszuüben! Mein Ideal ist eben das gleichberechtigte, friedliche Miteinander! Aber warum ist dieses Miteinander bei uns oft alles andere als friedlich? Es sind mit Sicherheit die fehlenden „deutlichen Grenzen"! Bin ich doch ein

„Weich-Ei"? Schleiche ich mich bequem aus meiner Verantwortung durch „finanzielles Verwöhnen"? Schlurfe ich gar mit ewig offenem Geldbeutel durch die Gegend, um meine Lieblosigkeit zu kaschieren? Die Wahrheit muß auf den Tisch!

Mittagessen, am selben Tag:

Frage zur ersten Runde: „Suchen sich Kinder die ihnen gemäßen Eltern?" Ein vierstimmiger Punktesieg für mich! Da lacht das Mutterherz! Sie würden mich wieder wählen!

Zweite Runde: „Wie steht's mit den harten Grenzen? Sind sie nötig oder gar ein ‚*Muß*'? Diesmal lauter Protest, ebenfalls aus vier Kehlen! Demokratie ist gefragt, bei Unstimmigkeiten muß „ein Konsens gefunden werden", sagt Daniel. „Das könnte dir so passen, von wegen harte Grenzen, du spinnst wohl", mault Julie, „du kannst doch nicht einfach so über uns verfügen, das wäre ja das letzte!"

„Grenzen nur da, wo's lebensgefährlich wird", schlägt meine Tochter dann vor. „Da wo's uns unwichtig ist, kannst du ja deine Grenzen haben", meint der Jüngste, „und bei wichtigen Sachen reden wir mit!"

War das nun ein Punkt für mich? Ich habe meine Zweifel!

Die letzte Runde: Die finanzielle Verwöhnung als Ausgeburt der Lieblosigkeit steht zur Debatte.

Keiner, der finanzielle Zuwendung lieblos findet? Mehr meiner Zeit ist gegen schnöden Mammon zu tauschen! Niemand, der will?

Allgemeine Heiterkeit und dann unisono: „Beides, bitte! Zeit und Geld!"

Sind meine Kinder nun besonders berechnend? Oder haben sie den gesunden Realismus, der in unserer Zeit unabdingbar ist? Wie auch immer, ehrlich sind sie!

Ich sitze hier …
(29. Dezember)

Ein turbulentes, aufregendes Jahr ist zu Ende. Dies wird unser letztes gemeinsames Sylvester. Wie wir's wohl begehen werden? Während ich am Morgen am Tisch sitze und unser traditionelles „Sylvesteressen" (immerhin nun schon seit fast zwanzig Jahren) vorbereite (für besonders Neugierige: es ist ein Heringssalat nach dem Rezept meiner Großmutter, mit Roter Beete und Äpfeln), geht mir immer derselbe Kinderreim durch den Kopf: „Ich sitze hier und schneide Speck, und wer mich lieb hat, holt mich weg!" Zum drittenmal bei „Speck" angekommen, tu ich mir entsetzlich leid und flenne ausdauernd in die Heringe! Keiner wird mich je mehr wegholen und sollte ich hundert werden! Kinder ausgezogen, das Zuhause aufgelöst, ich selbst ein verunsichertes Häufchen Elend vor einem großen Scherbenhaufen! Ich muß an meine Mama und ihren Leitspruch denken: „Leiste dir niemals Selbstmitleid, das schwächt!"

Übrigens habe ich damals Sylvester dann allein hinter mich gebracht, mit einer riesengroßen Schüssel Heringssalat und viel Selbstmitleid. (Keiner hatte mich lieb und hat mich weggeholt!) Ich bin nicht daran gestorben, aber rückblickend würde ich sagen, ich bin vielleicht daran gewachsen!

Zweiter Teil

Andere Eltern, andere Kinder – doch die gleichen Probleme

Ich habe euch Einblick in mein Tagebuch gegeben, weil ich denke, so oder ähnlich habt ihr das vielleicht auch erlebt und erfahren. Ich habe euch an meinen Gedanken und Überlegungen teilhaben lassen, um euch in eurem Entschluß nach Neuorientierung zu bestärken. Familie und bei vielen zusätzlich noch Beruf fordern viel Energie, manche Begabung und manches Interesse wurde da unterdrückt. Jetzt ist die Zeit und die Möglichkeit, diese Fähigkeiten zu aktualisieren!

Ein Jahr ist vergangen, ein Jahr lang hat mich dieses Tagebuch begleitet, hat meine kleineren und größeren Alltagssorgen und Probleme aufgenommen. Vieles ist zur Sprache gekommen, manches unterblieben. Einiges habe ich auch schon aus der heutigen Sicht vorweggenommen. Manches ist sicher vielen vertraut. Anderes vielleicht nicht.

In diesem ereignisreichen Jahr hatte ich so viele fruchtbare und interessante Gespräche mit Freunden und Bekannten, die *ihren* Weg der Ablösung und des Loslassens gegangen sind, und plötzlich wußte ich: Das ist es! Mit diesen so unterschiedlichen und vielschichtigen Familiensituationen wird mein Tagebuch reicher und ergänzt! Der Blick wird weiter, die Dimension eine andere.

In diesem zweiten Teil habe ich aufgeschrieben, welch unterschiedliche und doch ähnliche Erlebnisse andere Mütter und Väter mit ihren Töchtern und Söhnen in dieser schwierigen Phase gehabt haben. Jeder hat seine ganz individuelle Geschichte und Erfahrung. Trotzdem gibt es einen gemeinsamen roten Faden, der sich durch die so unterschiedlichen Berichte zieht und der das bestätigt, was ich schon ahnte oder wußte: Das „Loslassen" und das Abschließen der Kindheit hat seine ureigenen Gesetze, die sich unabhängig von Herkunft und Erziehung in ihrer Vielschichtigkeit erstaunlich ähneln. Offensichtlich bleiben sie keinem und keiner erspart!

Mütter und Söhne

Spätestens seit Urvater Freud wissen wir, was es mit der griechischen Mythengestalt Ödipus auf sich hat. Die Flucht vor dem Schicksal führt schnurstracks ins persönliche Unglück (Verderben). Loriots „Ödipussi" verdanken wir die Einsicht: Für längst den Kinderschuhen entwachsene Söhne gibt es nichts Gefährlicheres als die „allesverschlingende" Mutter! Wie kann man (sprich Sohn) ihr entkommen? Die erlebte und erinnerte Realität von Müttern und von Söhnen deckt sich allerdings nur in seltenen Fällen mit diesem ödipalen Bild.

Aber lassen wir die Betroffenen selbst zu Wort kommen.

Bastian, inzwischen 25 Jahre alt, Student der Geographie, erzählt über seine frühe Flucht vor der Mutter:

„Inzwischen sind Jahre vergangen, und die Beziehung zu meiner Mutter würde ich heute als gut bezeichnen. Wir sehen uns alle vier bis sechs Wochen. Besonders intime Gespräche führen wir nicht, trotzdem ist eine Basis für beidseitiges Vertrauen und Verständnis da. Das war bei uns aber nicht immer so. Als Kind litt ich sehr unter der verklemmten und beklemmenden Atmosphäre bei uns zu Hause. Ein streng katholisches Elternhaus mit eifersüchtigen Geschwistern und mit Eltern, die nicht miteinander klar kamen. Ich durchschaute das alles erst sehr viel später. Der Punkt, auf den alles zulief, war meine Mutter. Wir vier Geschwister buhlten sozusagen um ihre Gunst, geschwisterliche Solidarität blieb da völlig auf der Strecke. Die großen Spannungen zwischen meinen Eltern wurden nie offen ausgetragen, was eine diffuse und bedrückende Stimmung erzeugte. Erst sehr viel später habe ich begriffen, daß die lautstarken Auseinandersetzungen in den Familien meiner Freunde sehr viel normaler und gesünder waren, als diese eigenartige Windstille bei uns. Hinzu kam diese krankhafte Eifersucht – von mir auf den ältesten Bruder, von diesem auf die Schwester und die wiederum auf die Jüngste. Also: jeder gegen jeden und alle gegen alle! Und dazwischen, sozusagen als „Fels in der Brandung", meine Mutter.

Heute denke ich, daß diese Position für sie sehr wichtig war, schon als Gegenpol zu ihrer katastrophalen Ehe. Mein Vater hielt sich aus allem raus, er entzog sich. Vor allem seiner Frau! Über Sexualität wurde bei uns nie gesprochen. Trotzdem brachte ich mit sechzehn meine erste Freundin nach Hause. Das wurde kommentarlos hingenommen. Es konnte allerdings passieren, daß mein Vater immer dann nachts meine Zimmertür mit der vom Badezimmer verwechselte, wenn sie bei mir übernachtete. Daß ich dieses besondere Familienleben ziemlich unbeschadet überstanden habe, verdanke ich vor allem meiner ständigen Abwesenheit. Von frühester Kindheit an war ich ständig auf Achse: bei Freunden oder mit Freunden. In meiner Familie hieß ich deshalb der „Five-Minute-Man"! Endgültig beendet habe ich meine kurzen Gastspiele in der Familie dann mit siebzehn. Da zog ich dann aus. Für mich war's ein Glück, für meine Mutter eine ziemliche Katastrophe!"

Lassen wir jetzt Steff, den Bruder von Bastian zu Wort kommen. Steff ist drei Jahre älter als Bastian und arbeitet als Altenpfleger.

„Ja, wie Basti schon sagte, unsere Mutter war der ständig präsente Elternteil, unser Vater dagegen war in der Familie ein Fremdkörper. Unsere Erziehung lief zwar weniger autoritär, aber doch ziemlich konservativ. Mein Draht zur Mutter war schon immer besonders gut, ich hatte zu ihr ein denkbar gutes Vertauensverhältnis. Unsere vielen Umzüge während meiner Schulzeit machten mich eher zum Außenseiter. Freundschaften zu Schulkameraden fielen mir schwer. Deshalb war diese enge Mutter-Beziehung für mich besonders wichtig. Trotzdem, wenn ich wirklich Probleme hatte, machte ich das meist mit mir selbst ab. Ich weiß nicht, lag das an mir oder an ihr? Als sehr schön erinnere ich das viele Schmusen mit ihr, ein inniger Körperkontakt in frühen Jahren. Später war unser Verhältnis mehr partnerschaftlich, weniger Muttersohn, mehr so auf gleicher Ebene. Als Ältester wurde ich auch ziemlich früh ihr Ansprechpartner für ihre eigenen Probleme, damals war ich so zwölf oder dreizehn. In diesem Alter stieß mir auch bitter diese katholische Komponente in unserem Familienleben auf. Trotzdem erlebte ich meine Mutter immer mehr als Agnostiker; sie ließ jedem seine eigene Fasson. Auch wenn schulisch etwas schief lief, war das für sie kein Drama, sie fand immer eine Lösung. Seit kurzem lebe ich allein. Meine Mutter sehe ich wöchentlich zur Lagebesprechung. Eine feste Freundin habe ich nicht. Ich experimentiere mich so durch. Eine Ehe wirkt auf mich sowieso eher abschreckend, es sind ja höchstens zwanzig Prozent, die funktionieren. Ich habe aber nicht prinzipiell etwas gegen feste Beziehungen, sollte es sich ergeben, würde ich das durchaus genießen, aber mit der nötigen Vorsicht."

Ist die Mutter so im Zentrum und fällt der Vater in so gravierender Weise als Hauptdarsteller im Drama des Lebens aus, so ist die Reifung sicher erschwert. Die gegenseitige Ablösung ist komplizierter, spätere Partnerschaften gestalten sich oft schwierig und problembeladen.

Wie sieht das die sechzigjährige Mutter? Marianne:

„Was soll ich dir über meine Söhne erzählen? Der Basti war ein ganz liebes und pflegeleichtes Baby. Dafür war er dann ein problematisches Kleinkind. Er fühlte sich immer zurückgesetzt und war sehr eifersüchtig. Vielleicht hängt das mit seiner Rolle als mittleres Kind zusammen. Als seine Schwester geboren wurde, da wurde er wieder zum Bettnässer. Er hat viel geweint und geschrieen, auch häufig Bauchkrämpfe gehabt. Aber seine Wut richtete er nie gegen seine kleine Schwester, sondern gegen uns, seine Eltern, die ihm das alles angetan hatten. Diese Eifersucht zog sich durch seine ganze Kindheit. Ich habe ihn dann bewußt meinen anderen Kindern vorgezogen, die haben das aber nie akzeptiert. Genützt hat das alles nichts – es kam bei ihm einfach gar nicht an, denn er fühlte sich nach wie vor benachteiligt. Ich erinnere mich noch an einen besonderen Vorfall. Nachts, wenn er schlief, setzte ich mich an sein Bett und machte ihm lange Liebeserklärungen. Ich hoffte, sein Unterbewußtsein würde sie vielleicht aufnehmen. Ob es wirklich etwas bewirkt hat, habe ich nie erfahren.

Erst in seiner Pubertät wurde dann alles leichter. Bastian fing an, ganz bewußt an sich zu arbeiten. In dieser Zeit war er extrem aushäusig. Manchmal sahen wir ihn tagelang überhaupt nicht. Er übernachtete dann bei Freunden. Überhaupt nabelte er sich schon sehr früh von der Familie ab. Er erzählte wenig von sich, war freundlich, aber irgendwie verschlossen. Mich hat das geschmerzt, ich hatte das Gefühl, versagt zu haben. Das machte mich traurig und weckte in mir so etwas wie Schuldgefühle. Ich wußte, daß das unsinnig war, trotzdem wurde ich nur sehr schlecht damit fertig! Als er dann mit siebzehn schon auszog, gab mir das den Rest!

Heute haben wir ein gutes Verhältnis, und ich empfinde ihn als einen ganz besonders warmherzigen und besonnenen jungen Mann – ernsthaft und hilfsbereit.

Nun zu Steff. Als Erstgeborener bekam er zwangsläufig eine noch unerfahrene Mutter. Er war ein richtiges Sensibelchen. Hörte er Musik, dann war er so bewegt, daß er in Tränen ausbrach. Er war überhaupt leicht zu beeindrucken und konnte dann sehr schnell so richtig ausufern. Er war dann völlig überdreht. Als Winzling sprach er seine eigene Sprache, außer mir konnte ihn niemand verstehen. Erst mit drei fing er an, normal zu sprechen. Sein erstes Wort war: Nein, nein, nein. – Und so ist er bis heute geblieben. Er beteiligte sich nie an Spielen mit feststehenden Regeln. Zeitweilig lebte ich in ständiger Konfrontation mit ihm. Er forderte mich unablässig heraus. So mit dreizehn fing er dann an, sich richtig einzumauern. Er schottete sich von allem ab. Heute denke ich, das war, um nicht verletzt zu werden. Damals machte mir das große Sorge. Hatte es doch fast etwas Autistisches! Ich schenkte ihm dann eine Katze, so als Schmuse-Mutter-Ersatz. In der Pubertät wurde es dann noch schlimmer. Er zog sich noch mehr zurück, falls das überhaupt noch möglich war. Ich machte mir noch größere Sorgen und betete zu Gott, daß er nicht vielleicht auch noch Drogen probierte. Soweit kam's Gott sei Dank nicht! Irgendwann fing er an, sich wieder nach außen zu öffnen. Nicht, daß er jetzt besonders kommunikativ und gesellig wurde, nein, das bestimmt nicht, aber er trat wieder mit uns ins Gespräch. Vor kurzem ist er ausgezogen, und ich glaube, das ist gut und wichtig für ihn. Ohne den Familienverband ist er gezwungen, noch mehr nach außen zu gehen, auf andere Menschen zuzugehen, auf sie einzugehen. Anfangs wird ihm da sicher seine dogmatische, verurteilende Art Probleme machen, aber ich bin mir sicher, er ist jetzt auf dem Weg, sich von seinem Kindheitstrauma zu befreien. Und zwar indem er sich von uns befreit hat!

Schwieriger ist die Ablösung oft für die vielen Söhne, die nach der Trennung allein mit ihren Müttern leben. Ohne männliche Bezugsperson, erzogen von einer Mutter, die dank eigener Erfahrung nicht unbedingt ein besonders positives Männerbild vermittelt, haben es diese Söhne fast noch schwerer, ihre männliche Identität zu entwickeln. Die ungeliebten Eigenschaften seines Vaters soll er auf keinen Fall haben. Er soll sich die Eigenschaften aneignen, die im herkömmlichen Männerbild unterentwickelt sind. Er soll der sensitive, liebevolle Mann werden, den sie sich erträumt hatte, und der so selten anzutreffen ist! Aber in der Gefahr, in diese Falle zu stolpern, stehen auch die nicht alleinerziehenden Müttern. Jede von uns trägt ein Idealbild im Herzen, und unbewußt werden unsere mehr oder weniger erfolgreichen Erziehungsversuche von diesem Ideal beeinflußt – bei mir selbst konnte ich dieses Verhalten jedenfalls häufiger ausmachen. Ich glaube, das Verhältnis von Müttern und Söhnen ist grundlegend anders als das von Mutter und Tochter. Entsprechend verläuft auch die „Loslaßphase" anders.

Bill (24 Jahre), Zahntechniker, hat das Problem auf seine Art gelöst. Er setzte schon früh auf eine „Toleranzstrategie".

Bill:

Ich hatte schon immer einen sehr engen Kontakt zu meiner Mutter. Ihre ausgeprägte Individualität und ihre unorthodoxe Lebensweise haben mich stark geprägt. Schon als Sechsjähriger fing ich an, mit ihr täglich zu meditieren: zuerst, weil sie es wollte, später dann aus eigenem Interesse. Sie war offen für neue Erfahrungen, und ich konnte mit ihr über vieles sprechen. Trotzdem war das alles andere als eine antiautoritäre Erziehung. Sie wußte durchaus, mir Grenzen zu setzen. Wurden die überschritten, gab's schon mal einen Klaps. Bis zu meinem siebten Jahr lebten wir auf einem einsamen Bauernhof. Das war eine besonders schöne Zeit für mich. Nach der Scheidung lebten wir dann wieder in der Stadt. Meine Mutter mußte Geld verdienen. Für mich bedeutete das mehr Verantwortung, aber auch mehr Freiheit. Problematischer wurde es für mich nach ihrer erneuten Heirat, anfangs war ich da ganz schön eifersüchtig. Heute verstehe ich mich mit meinem Stiefvater besser als mit meinem leiblichen Vater. Ich lebe immer noch mit ihnen in einer Wohnung, beteilige mich am Haushaltsgeld und auch an der Hausarbeit. Da gibt es bei uns keine Probleme. Auch heute kann ich noch alles mit ihr besprechen, aber ich tue mich da ein bißchen schwer, ich kann mich halt nicht so gut mitteilen. Meist spürt sie, wenn mir was fehlt, oder sie fragt's aus mir raus. Wir haben auch in vielem den gleichen Geschmack und gehen häufig zusammen einkaufen. In modischen Dingen berät sie mich, und ich berate sie. Im Moment suche ich eine eigene kleine Wohnung. Meine Mutter meint zwar, das wäre nicht nötig, weil wir uns ja so gut verstehen, trotzdem – oder gerade deswegen – denke ich, sollte ich jetzt mal allein wohnen. Irgendwie fühle ich mich sonst immer noch als Kind!"

Sucht sich am Ende jedes Kind die Mutter, die es braucht, und sorgt die Mann-Frau-Spannung für den engeren Kontakt zum Sohn? Das jedenfalls glaubt Bills Mutter.

Gisela (58 Jahre) sagt über ihre Beziehung zum Sohn:

„Bill war ein absolutes Wunschkind. Vom ersten Tag gab es eine enge Seelenverwandtschaft. Er hat mir immer nur Freude bereitet. Er war so ein sensibles, phantasievolles Kind! Grundsätzlich glaube ich, daß die Beziehung zu einem Sohn anders, fast enger ist als zu einer Tochter. Ich denke, das natürliche Spannungsverhältnis zum anderen Geschlecht führt zu anderen Formen der Liebe – vielleicht auch zu mehr Nähe. Ich habe schon als kleines Mädchen die Männer verehrt! Schon von daher ist für mich ein Sohn eine besonders schöne Erfahrung. Daß er jetzt ausziehen will, kann ich verstehen. Aber für mich wird das bestimmt eine ganz harte Nuß! Na, wollen mal sehen, vielleicht findet er ja so schnell gar keine Wohnung!"

Aber auch Mutters Wunschkind zahlt möglicherweise einen hohen Preis, nämlich dann, wenn es sich nicht zeitig genug aus der engen Seelenverwandtschaft lösen kann. Alexander (26 Jahre), Jurastudent, konnte sich beizeiten aus dem Staube machen.

Alexander:

„Meine Mutter-Beziehung ist unproblematisch und gut. Als sie mich mit 19 Jahren geboren hatte, war sie noch sehr jung und unerfahren. Deshalb war sie mir und meinem zwei Jahre jüngeren Bruder zwar Mutter, aber gleichzeitig war sie auch wie ein drittes, älteres Kind. Sie ging sehr blauäugig an unsere Aufzucht heran und machte wohl alles mehr aus dem Bauch heraus. Überhaupt ist sie ein emotionaler Mensch, warmherzig, chaotisch und manchmal sehr heftig – aber wir kamen gut damit zurecht. Mein Vater hingegen ist sehr diszipliniert und kopflastig, mit viel Sinn für abstrakte Logik. So gesehen, haben sich beide gut ergänzt, um uns Kindern zwei konträre Seiten zu vermitteln. So mit fünfzehn oder sechzehn ging mir dann ihre Überfürsorglichkeit auf die Nerven. Kam ich mal später nach Hause und schlich nachts leise auf Socken die Treppe hinauf, ängstlich darauf bedacht, auch ja keinen Lärm zu machen, prompt kam ihre Stimme aus dem Dunkel: „Alexander, bist du's? Dann kann ich ja jetzt schlafen!" Das hat ganz mächtig genervt! Allerdings, andere Sachen, die in vielen Familien zum Eklat führen, waren bei uns kein Problem. Zum Beispiel: Sexualität, Freundinnen mitbringen usw. Sie hat uns früh aufgeklärt, und auch späterhin konnte man mit ihr diesbezüglich immer sehr offen und direkt reden. Die Freundinnen ihrer Söhne schleppte sie immer bereitwillig mit in die Ferien, denn für sie war's das Höchste, wenn's ihren Söhnen gut ging. Einmal hat eine Freundin von mir fast drei Monate in meinem Zimmer gewohnt; und das, obwohl ich zu diesem Zeitpunkt gar nicht zu Hause war! Ich machte gerade meinen Ersatzdienst. Geklammert hat meine Mutter eigentlich nie. Ich denke, sie hat uns alle rechtzeitig loslassen können. Auch heute ist es mit ihr ziemlich unproblematisch, ich kann zu jeder Tages- oder Nachtzeit zu ihr kommen. Sie freut sich da immer! Wenn ich anrufe oder mal zum Frühstück anrücke, sie freut sich. Andererseits ist sie aber nie beleidigt, wenn ich mich mal monatelang nicht melde ...

Braucht sie mal Rat, so sucht sie ihn, seit wir erwachsen sind, schon auch mal bei mir oder meinen Geschwistern. Für mich ist sie eine sehr großzügige Frau, ich meine das im weiteren Sinn, nicht nur im Familienverband, sondern als Grundzug ihres Wesens!"

Mutter-Sohn-Beziehungen ohne Arg und ohne Wohn müssen dennoch nicht nach dem Klischee „Friede, Freude, Eierkuchen" verlaufen. Rasch greift unter der Hand Ausbeutung und Selbstausbeutung um sich – eine Art des modernen Vampirismus, der von den Befallenen zuletzt bemerkt wird – oft erst, wenn es bereits zu spät ist. Anna (47 Jahre), Hausfrau und die Mutter von Alexander, konnte dieser Gefahr wohl entgehen.

Anna:

„Alexander hat recht, als ich meine beiden ersten Söhne bekam, war ich noch bar jeder Erfahrung und wohl auch noch sehr unreif. Trotzdem wollte ich alles so gut wie irgend möglich machen: Jede Mutter will ja für ihre Küken das Beste, ob ihr das dann gelingt, steht auf einem anderen Blatt. So betrieb ich einen wahren Kult mit der Ernährung. In einem antroposophischen Buch hatte ich viel über den Zusammenhang von Nahrung und geistig-seelischer Entwicklung gelesen. Stundenlang war ich damit beschäftigt, die abwegigsten Getreidesorten in genießbare Breichen und Suppen umzuwandeln. Wollte ich doch all die wunderbaren Anlagen und Eigenschaften meiner Kinder voll zum Blühen bringen! Ich kochte, zerkleinerte, siebte und pürierte. Stolz und zufrieden beobachtete ich das Gedeihen meiner Söhne. Alexander war ein selbstbewußtes, stahlendes und kontaktfreudiges Kind, mit einem angemaßten Führungsanspruch, wie ihn Erstgeborenen häufig haben. Ernste Probleme gab es mit ihm nie. Er war kreativ und phantasievoll wie sein jüngerer Bruder auch. Der hatte allerdings oft am Gebaren des Älteren zu knabbern. Konstitionell viel zarter und sensibler, entwickelte er wahren Löwenmut in der Abwehr erzwungener Einflußnahme. Ich ließ beiden viel Freiraum, griff nur ein, wenn sie sich in Gefahr brachten. Als echte Achtunsechzigerin frönte ich dem anti-autoritären Erziehungsideal. Konsequent befolgt hab' ich es allerdings nie. Mein Erziehungsstil war eher liberal. Als sie dann älter waren, fand ich es wunderbar, daß sie ihre ersten sexuellen Erfahrungen sozusagen im Schutz der Familie machen konnten. Geduldig schleppte ich jede Ferien ihre wechselnden Freundinnen hinter mir her.

Längst sind sie ausgezogen und leben allein. Trotzdem ist der Zusammenhalt im weitesten Sinn noch da. Wenn wir uns, aus welchem Grund auch immer, brauchen, dann funktionieren die „Buschtrommeln" wie eh und je! Dann sind wir füreinander da.

Für mich sind sie nicht nur meine Söhne, sondern auch mit meine engsten Freunde! Und das finde ich sehr schön!"

Verwerfungen zwischen Müttern und Söhnen entstehen nicht nur durch wechselseitige Mißverständnisse und Aussagen, sondern auch durch ungleiche Förderung und Bevorzugung. Mit Distanz und Gelassenheit zeigt sich Norbert (28 Jahre), Sozialarbeiter, dagegen gewappnet.

Norbert:

„Schon mit dreizehn gewann ich schlagartig viel eigene Entscheidungsfreiheit – denn das war das Jahr der Scheidung meiner Eltern. Meine Mutter, gefangen in ihrer Trauer, verlor schlagartig für mindestens ein Jahr jegliches Interesse an Erziehungsfragen. Ge- und Verbote hatten einem Laisser-faire Platz gemacht. Für mich war das sehr angenehm! Mehr oder weniger meiner Eigenverantwortlichkeit überlassen, standen mir viele Möglichkeiten offen. Sie selbst war infolge ihrer eigenen Erziehung eher steif und zurückhaltend, und sie wäre da eher ein Hemmschuh gewesen. Über Sexualität wurde bei uns zum Beispiel nie gesprochen. Da dieses Thema für sie selbst keinen hohen Stellenwert besaß, gab es für sie keinen Grund, es bei ihren Kindern aufzuwerten. Körperkontakt jedweder Form war für sie nicht wichtig, vielleicht sogar eher unangenehm. An Schmusen kann ich mich nicht erinnern, dagegen mit Vergnügen an Diskussionen über Politik und Literatur. Sie war kompetent und wußte ihren scharfen Verstand zu nutzen. Sie las viel und interessierte sich für fernöstliche Religionen. Später meditierte sie viel, reiste auch zum Himalaya in ein buddhistisches Kloster. Aber da waren wir schon aus dem Haus. In schulischer Hinsicht war sie hinter uns her wie der Teufel hinter den armen Seelen! Da drang sie auf Einsatz und Disziplin, soll heißen: Erfolg. Meinem jüngeren Bruder brachte sie schon mit viereinhalb Lesen und Schreiben bei. Sie war dann sehr stolz, als er schon mit fünf eingeschult wurde. Auch als er später sein Studium im Akkord absolvierte und seinen Doktor extrem früh baute, machte sie das sehr glücklich. Allzu mütterlich, im klassischen Sinn, war sie wohl nie. Sie hat sich schon früh ihren eigenen Interessen gewidmet. Heute bin ich darüber eher froh, es enthebt in großem Maße der Pflicht, mich ständig „kümmern" zu müssen. Letzten Sommer hat sie eine entbehrungsreiche Trekking-Tour durch Tibet gemacht, da war sie immerhin schon über sechzig. Das gefällt mir an ihr, dieses ständige Ausdehnen des eigenen Horizontes, diese Offenheit für neue Erfahrungen."

Es wäre interessant gewesen, diesen Gedanken die Ansichten der Mutter gegenüberzustellen. Aber leider wollte sie zum Thema nichts sagen.

Trotz harmlos klingender Selbstdarstellungen brodelt es bei Müttern und „ihren" Söhnen doch noch mächtig im Untergrund. Aber nur ausnahmsweise wird hier die Büchse der Pandora geöffnet und die ungeschminkte Wahrheit rausgelassen – so wie bei Hedwig (52 Jahre) und Hausfrau mit ihren beiden Söhnen Manfred (30 Jahre), Ingenieur und Klaus (32 Jahre), Beamter.

Hedwig:

„Du hast mich gebeten, dir über die Beziehung zu meinen Söhnen zu schreiben. Nun, ich habe zu beiden doch ein gutes Verhältnis. Ich liebe sie und denke doch (ich weiß es!), daß sie mich auch lieben. Daß sie, so wie jeder Mensch, auch ihre Fehler haben, ist wohl verständlich. Aber welche? Fangen wir bei Manfred an. Er kann so schöne Briefe schreiben, aber sie haben Seltenheitswert. Also, er ist schreibfaul. Dann braust er so leicht auf, das ist ein Erbteil von seinem Vater. Oft ist er so ironisch und verletzt dadurch andere. Aber im großen und ganzen ist er ein lieber „Junge". Wie auch sein älterer Bruder Klaus. Der hatte mir viel Kummer gemacht, als er so schnell von zu Hause wegging und in diese astrologische Wohngemeinschaft zog. Wochenlang hörten und sahen wir nichts von ihm. Das war schlimm. Seit er im Nachbarort wohnt, ist alles wieder besser geworden. Nur das Verhältnis zwischen ihm und seinem Vater macht mir Kummer. Auch, daß meine Söhne aus der Kirche ausgetreten sind, bedrückt mich. Weiß ich doch von mir, wieviel Trost gerade der Glaube schenken kann! Aber das war ihre eigene Entscheidung! Sie sind ja erwachsen. Ihre Schwestern gehen ja auch nicht mehr in die Kirche.

Manfred:

„Wie viele Mutter-Sohn-Beziehungen, so ist auch die meinige eine ziemlich verfahrene Kiste. Einiges Unschöne ist mir haften geblieben. Als Vier- oder Fünfjähriger grapschte ich wohl mal nach Mutters Busen – und patsch, bekam ich eins auf die Finger. Es war nicht zuletzt ihre spießig-katholische Sexualmoral, die mich schleunigst aus der Kirche und – Gott sei Dank – schon früh aus dem Haus trieb. Hinzu kamen noch andere Hämmer. So zum Beispiel ihre Tyrannei einer alles umsorgenden Brutpflege – nach dem Motto: „Ich will doch nur dein Bestes." Eine persönliche Tragik von ihr scheint mir ihr fester Glaube zu sein, daß sich Gott nur in römischen Kirchen aufhält. Nachdem sich mein Bruder Klaus im Steyler Internat der Priesterlaufbahn mittels Bettnässen und Leistungsversagen erfolgreich verweigert hatte (mit Schimpf und Schande wurde er nach Hause geholt und mußte zur Strafe eine Schlosserlehre antreten), war ich dran. Mutters Wunsch nach einem Priestersohn forderte Tribut. Ich träumte nur noch von sakralen Monstranzen. Und so ging es weiter.

Gegen die fürsorgliche Allmacht meiner Mutter war sogar mein Vater nicht gefeit, der (aus purer Verzweiflung?) regelmäßig losbrüllte und dann die ganze Familie verdrosch. ‚Um Gottes Willen, wenn das die Nachbarn hören', war Mutters größte Sorge – wohl aus Scham. Kehrten normale Zustände ein, waren sich meine Eltern in einem Punkt einig: Mach's wie die Leut', dann geht dir's wie den Leut'. Dieses brave Anpassertum kam schon Adolf Hitler sehr zustatten. Selbstverständlich sind meine Eltern gute Eltern, haben sich in allen erdenklichen Situationen für uns Kinder abgerackert und (last but not least) liebe ich meine Mutter und habe ihr – wie alle ‚guten' Söhne – längst verziehen. Auch wenn sie mir stets einzuschärfen suchte, ich sei etwas Besonderes und ihr Lieblingssohn. Woher meine Verbitterung kommt? Es ist die schmerzliche Seite meiner Erinnerung, die andere steht hier nicht zur Debatte."

Fazit: Eine vertrackte Beziehung zur Mutter bringt einen jahrelangen, hautnahen Zweikampf mit harten Bandagen mit sich. Geht dieser identitätsstiftende Konflikt gut aus, so gibt es keine Besiegten, sondern auf beiden Seiten Befreite, und man kann wieder „normal" miteinander umgehen.

Bei dem Gespräch mit Beate müssen wir uns mit der Schilderung der Mutter zufrieden geben. Ihr Sohn Felix hatte nach einem fünfwöchigen Indientrip (damals war er erst siebzehn Jahre alt) die Schule aufgegeben und war für unbestimmte Zeit gleich dort geblieben. Was bedeutet das für die Mutter? Welche Ängste und Sorgen bewegen sie? Wie wurde sie mit der abrupten und unerwarteten Trennung fertig? Was denkt sie heute, gute zwei Jahre später darüber?

Beate:

„Felix ist heute immer noch nicht zurück, obwohl ich inzwischen schon zweimal dort war und alle Hebel in Bewegung gesetzt habe, um ihn zu holen. Leider ist er ja nun volljährig, und rein rechtlich gesehen kann ich da nichts mehr machen.

Angefangen hatte das alles ja viel früher! So mit knapp sechzehn fing Felix an, sich für fernöstliche Religionen zu begeistern. Damals hatte er an seiner Schule einen Lehrer, den er sehr bewunderte und verehrte. Dieser Lehrer hatte eine so völlig andere Art, mit den Jugendlichen umzugehen, daß ich die Begeisterung von Felix nicht nur verstand, sondern absolut teilte. Sein Verhalten war nicht autoritär, aber auch nicht von dieser anbiedernden, pseudo-kameradschaftlichen Art, die manche Erwachsene an den Tag legen, wenn sie sich einbilden, besonders gut mit der „Jugend" zurechtzukommen. Er hatte so eine tiefe Menschlichkeit und eine ganz eigene Sensitivität, die ihn die Probleme und Gedanken der jungen Leute nicht nur verstehen ließ, sondern es ihm auch ermöglichte, sie auf positive Art zu motivieren und zu beeinflußen, ohne daß sie das als Einmischung oder Bevormundung empfunden hätten. Er hatte so eine Art altruistischer Philosophie, die er nicht nur verbal weitergab, sondern auch lebte. Das machte ihn glaubwürdig und überzeugend. Bei einem Elternabend hatte er einmal beiläufig erwähnt, daß er ein Jahr in Indien verbracht hatte und ihn die buddhistische und auch die hinduistische Philosophie tief beeindruckt und wohl auch geprägt habe.

Felix war inzwischen sechzehneinhalb und so schwierig und aufsässig, wie es in diesem Alter nicht selten ist. Er hatte die Schule satt, schrieb nur noch mäßige bis schlechte Noten, er hatte uns, seine Eltern, satt, seine Schwester fand er unerträglich und ätzend, und überhaupt fand er alles beschissen! Zu Hause lungerte er lustlos und träge herum, gab nur freche Antworten und ließ sich in jeder Hinsicht gehen.

Diesem Lehrer verdankten wir es nun, daß Felix sich wieder mehr in der Schule engagierte, umgänglicher wurde und wieder mehr auf sich achtete. Er kümmerte sich in langen, eindringlichen Gesprächen um unseren Sohn und hatte überhaupt einen positiven Einfluß auf Felix! Durch diese Gespräche fing auch Felix an, sich für den Buddhismus und andere östliche Religionen zu interessieren. Er ging zu Vorträgen, Workshops und Gesprächskreisen. Da sich das alles auf sein ganzes Verhalten nur positiv auswirkte, war mir das nur recht.

Daß er gleichzeitig immer mehr Kritik an unserer Leistungsgesellschaft, dem Konsumdenken und den Lebensmaximen in unserem Kulturkreis übte, beunruhigte mich nicht, im Gegenteil! Dachte ich doch in vielen Punkten ähnlich wie er.

So gesehen war ich nicht besonders erstaunt, als er uns mitteilte, daß er in den großen Ferien nach Indien fliegen wollte. Er hatte das ganze Jahr gejobbt und jeden Pfennig gespart, er hatte einen günstigen Flug und durch Vermittlung seines Lehrers auch günstige Kontakte und Routen für Indien. Außerdem wollten zwei Schulkameraden mitfahren, und zum Schulbeginn wollten alle drei wieder da sein. Natürlich hatte ich große Angst, daß ihm etwas passieren könnte, natürlich fand ich ihn zu jung für eine so weite Reise! Doch leider habe ich nicht auf meine innere Stimme gehört!

Von den Alpträumen und Wahnsinnsängsten während dieser sechs Wochen will ich lieber nichts erzählen! Zweimal meldete er sich in dieser Zeit! Das war jedesmal eine Erlösung.

Dann kam das Ende der Ferien. Wir warteten mit den beiden anderen Elternpaaren auf dem Flugplatz. Die beiden anderen kamen, doch unser Felix kam nicht! Er hatte ihnen einen Brief für uns mitgegeben, in dem stand, daß er noch mindestens zwei Jahre in Indien bleiben wolle. Er habe einen Meister gefunden, der ihn den Weg der Erleuchtung lehre, und außerdem würde er in einer Art Musikschule das Sitarspielen erlernen. Wir waren völlig fertig!

Tagelang hab ich nur geheult und mir die schlimmsten Vorwürfe gemacht! Was hatte ich falschgemacht? Wo hatte ich versagt?

Hatte er sich bei uns unverstanden gefühlt? Hatte ich zu viel Druck mit der Schule gemacht? Ich war ratlos und verzweifelt!

Von den beiden Freunden ließ ich mir tausendmal alles über die besonderen Umstände seines Entschlusses erzählen, die fürchterlichsten Gefahren malte ich mir Tag und Nacht (da ganz besonders!) aus! Ich wandte mich an die Deutsche Botschaft in Indien, aber die konnten da auch nichts machen! Inzwischen hatte er uns mitgeteilt, es gehe ihm gut. Ich war so mit den Nerven herunter, daß ich beschloß, selbst nach Indien zu fliegen und ihn zurückzuholen! Bis es soweit war, waren nochmal fast zwei Monate vergangen, und Felix hatte inzwischen Geburtstag gefeiert! Den achtzehnten! Er war somit volljährig, und ich konnte nur auf meine Überzeugungskraft bauen!

Die war wohl nicht groß genug, denn er ist immer noch dort. Wir schicken ihm regelmäßig ein bißchen Geld, denn das ist wohl das einzige, was wir momentan für ihn tun können. In größeren Abständen hören wir von ihm, und das ist für mich jedesmal ein Fest! Weiß ich dann doch, daß er lebt und es ihm wohl den Umständen entsprechend gut geht! Dieses so plötzliche Verschwinden hat mein ganzes Leben verändert. Vieles, das mir früher wichtig war, ist mir heute völlig unwichtig. Auch meine Prioritäten hat er durch sein Weggehen verändert. Ich denke heute in ganz anderen Kategorien. Manchmal glaube ich, wenn ich damals schon so gedacht hätte, dann wäre er wahrscheinlich gar nicht so früh gegangen ... Diesen Sommer fliegen wir wieder hin, und ich bete zu Gott, daß er diesmal mit nach Hause kommt!"

Wenn aus dem „Ciao, Mama, bis bald!" Monate oder gar Jahre werden, dann ist das ein Eingriff ins Leben, der besonders schmerzhaft ist! Kommt doch zu dem natürlichen Schmerz des Loslassenmüssens noch die Angst, daß es vielleicht kein Wiedersehen mehr geben könnte.

Es gibt Kulturen, in denen das Loslösen von der Mutter zu einem wesentlich früheren Zeitpunkt stattfindet. Und es scheint, daß dort weder die betroffenen Knaben noch ihre Mütter Schaden daran nehmen.

Daß Mütter sowohl Segen als auch Fluch sein können, das wissen wir alle. Daß keine Mutter aus böser Absicht zum „Fluch" wird, das wissen wir auch. Daß aber auch zuviel Liebe, zuviel Fürsorge, zuviel Vorsicht und Nachsicht sich zum Fluch auswachsen kann, das merken viele Mütter erst dann, wenn das Kind in den Brunnen gefallen ist! In vielen archaischen Kulturen ist es deshalb bis heute noch üblich, Knaben im Alter von acht, spätestens aber zehn Jahren der mütterlichen Fürsorge und Verwöhnung zu entziehen, um sie im Kreis erfahrener, „sturmerprobter" Männer auf das Leben als „Mann" vorzubereiten. Da diese Männergemeinschaft in der Regel aus Männern der unterschiedlichsten Altersstufen und Generationen besteht, ist ein so breit gefächertes Erfahrungsspektrum gewährleistet, wie es in dieser Konzentration sonst nirgendwo anzutreffen ist. Vom Jüngling bis zum hochbetagten Greis, jeder hat in dieser Hierarchie seinen speziellen Platz und seine Aufgabe. Eine wichtige Aufgabe ist die Vorbereitung des heranwachsenden Knaben auf seine spätere Rolle als Mann. Daß „Mann"-sein in diesen alten Kulturen eine andere Bedeutung hat als in unserer abendländischen Kultur, versteht sich von selbst.

Die Rolle des „Jägers", des „Kämpfers", des „Beschützers", ja selbst des „Ernährers" hat in unserer Zivilisation ihre Bedeutung verloren oder ganz eingebüßt! Welcher Mann hat hier noch die Herausforderung, zum Zweck des Überlebens den Büffel (oder was auch immer) zu jagen? Die Jagd nach Schnäppchen und Sonderangeboten im Supermarkt ist da für den geborenen Abenteurer und Jäger ein vergleichsweise müder Ersatz! Es ist, als ob man dem Löwen, in freier Wildbahn ein gefährlicher und gefürchteter Jäger, in seinem engen Ghetto-Käfig im Zoo einen Knochen als vollwertigen Ersatz entgangener Abenteuer anbietet!

So wird der junge Knabe bewußt von der Mutter getrennt, um nicht verweichlicht, verzärtelt und damit lebensuntüchtig zu werden. Acht lange, schöne Jahre wurde seine Seele gestreichelt, sein „Herz" genährt, er wurde getragen, geherzt und verwöhnt in einem Außmaß, wie wir es hier nicht kennen. Ein Baby wird in den ersten 12 bis 16 Monaten nie allein gelassen, nie irgendwo allein in sein Bettchen gelegt, es wandert von Arm zu Arm, wird getragen, gewiegt und geherzt, bis es sich seine Welt auf eigenen Beinen erobern kann. Dann mit acht Jahren der abrupte Schnitt: aus und vorbei mit Verzärteln und Verwöhnen! Jetzt steht Körperertüchtigung, hartes Überlebenstraining, Kargheit und Reduzierung auf dem Plan. Merkwürdigerweise werden die so jäh aus ihrem „Paradies" vertriebenen Knaben weder schwermütig noch tragen sie andere gravierende Schäden davon. Vielleicht weil acht Jahre davor ihre Seele Nahrung im Überfluß bekam? Auch die Mütter kommen mit dieser plötzlichen Trennung ganz gut klar. Sie sind stolz, daß der Knabe zum „Mann" wird. Natürlich will ich hier nicht Verhältnisse wie auf fernen, exotischen Inseln einführen oder an die „gute alte Zeit" erinnern, noch will ich „hartmachenden" Initiationsriten das Wort reden, fehlt in *unserer* Welt doch eher Liebe und Verständnis als „Härte". Aber ich denke, der Blick auf solch andere Praktiken könnte hilfreich sein. Besonders dann, wenn es zu einer engen Mutter-Sohn-Symbiose kommt, die die „Kinder" zu verschlingen droht!

Mütter und Töchter

Mütter und ihre erwachsenen oder fast erwachsenen Töchter: ein Stoff aus dem Wunschträume, aber auch Alpträume gestrickt sind.

Mehrere ausgewählte Selbstzeugnisse gewähren hier Einblick in die komplizierten Beziehungen zwischen Müttern und ihren Töchtern. Nicht unerheblich sind diese „Beziehungskisten" durch die Familienstruktur bestimmt. Doch die persönliche Beziehung vom Mädchen zur Frau wird vor allem von der eminenten Bedeutung der Mutter für die Tochter geprägt. In archaischen Kulturen, wie auf den karibischen Inseln, benutzten Mütter und Töchter sogar eine höchst spezifische Frauensprache, die Väter und Söhne weder sprechen noch verstehen konnten. Diese Frauensprache erfüllte eine doppelte Schutzfunktion: intimste Vertrautheit zwischen den Frauen und Ausgrenzung des männlichen Blicks. Denn die Mutter-Tochter-Beziehung ist weitaus artifizieller, ambivalenter und damit störanfälliger als die zwischen Mutter und Sohn. Dasselbe Geschlecht und die dadurch gegebene Ähnlichkeit erzeugen auf beiden Seiten eine merkwürdige Gefühlsmischung aus Liebe und Haß, aus Aggression, Schuldgefühlen und schlechtem Gewissen – aber auch aus Intimität und Vertrautheit. Aus diesem spannungsgeladenen Beziehungsfeld entstehen oft merkwürdige Formen innerer Nähe und vollkommener Harmonie – der Stoff, aus dem die Träume sind!

Bettina (19 Jahre), Schülerin und Astrid (46 Jahre), Graphikerin

Bettina:

„Ich bespreche alles, ohne Einschränkung, mit meiner Mutter – sie ist für mich Freundin und Mutter zugleich. Meine Eltern trennten sich, als ich fünf Jahre alt war. Ich blieb zunächst bei meinem Vater und seiner neuen Frau. Sie brachte einen damals siebenjährigen Sohn mit in die Ehe; ein Jahr später kam dann noch ein Baby dazu. Der Kontakt zu meiner neuen „Mutter" war gut, trotzdem freute ich mich immer wahnsinnig auf die Wochenenden bei meiner „richtigen Mutter" in der Stadt. Ich fuhr jedes zweite oder dritte Wochenende zu ihr, und das war dann immer sehr intensiv und toll! Sozusagen Verwöhnung total! Daß ich das weidlich ausgenützt habe, brauch ich wohl nicht zu erwähnen! Mit sechzehn gab's dann für mich kein Halten mehr, ich wollte ganz bei ihr leben. Das tue ich nun seit drei Jahren. Wir fahren zusammen in Urlaub, wir gehen gemeinsam ins Kino, wir beraten uns gegenseitig bei Problemen, helfen uns bei allen möglichen und unmöglichen Sachen, ja, wir tragen sogar unsere Klamotten wechselseitig und gemeinsam! Seit ich bei meiner Mutter lebe, ist auch das Verhältnis zu meinem Vater viel unproblematischer und lockerer. Inzwischen kann ich ganz gut verstehen, daß sie damals von ihm weg ist! Seit einem Jahr hat sie nun einen neuen Freund. Mein Verhältnis zu ihm ist höflich, aber distanziert. Ich finde, er stört bei uns mehr, als daß er eine Bereicherung wäre! Ich finde auch, daß er zu ihr nicht paßt! Meine Mutter ist so lebendig, spontan und kreativ: da müßte sie einen viel schillernderen Typen haben. Nicht so einen Spießer!"

Astrid:

„Das waren bisher die drei schönsten Jahre meines Lebens! Das Zusammenleben mit Bettina ist für mich das Höchste. Ich genieße es richtig, sie zu verwöhnen. Ich mache alles für sie, angefangen beim Frühstück, mittags warte ich auf sie, bis sie aus der Schule kommt, wir essen dann zusammen, klönen ein bißchen. Sogar ihre Wäsche in Ordnung zu halten macht mir Spaß! Ich habe da einen richtigen Nachholbedarf. Im Haushalt braucht sie mir nicht zu helfen, das müßte ich ja für mich alleine auch machen. Der enge Kontakt zu Bettina ist für mich zur Zeit das Wichtigste und Schönste überhaupt. Diese drei zurückliegenden Jahre waren für mich einfach phantastisch."

Nicht immer steht von vornherein fest, wer bei „Verwöhnung total" letztendlich draufzahlt. Die Rechnung wird oft später präsentiert. Eine andere Variante dieses Spiels könnte den Titel tragen:

„Ich tue alles für mein Kind" oder „Die Lust am Leiden!"

Renate (50 Jahre), Lehrerin und Christine (25 Jahre), Kindergärtnerin

Christine:

„Ich fühle mich durch meine Mutter manchmal richtig bedrängt und eingeengt. Sagen traue ich mich das aber leider nie! Warum? Na, weil sie's so unheimlich gut meint mit ihrem ständigen Verwöhnen. Ich versuche ja, sie da ein bißchen zu bremsen, zum Beispiel wenn ich sie besuche. Das artet immer in wahre Einkaufsorgien aus. Gefällt dir dies? Möchtest du das? Sieh doch, das paßt so gut zu deinen anderen Sachen! Und so weiter, sie drängt mir die Sachen fast auf, manchmal sag' ich dann ja, nur damit das ganze ein Ende hat! Mutti ruft dreimal täglich bei uns an und fragt, wie es mir geht. Jetzt, wo ich mein erstes Kind erwarte, ist es fast noch häufiger. Einmal am frühen Morgen, bevor sie in die Schule geht, dann gegen Mittag, wenn sie aus der Schule kommt, und meist nochmal am Abend. Sie hat für meine Schwangerschaft eine Menge Dinge gekauft, sogar einen Spezialstuhl, auf dem ich mit meinem dicken Bauch ganz entspannt sitzen kann.

Doch wenn am Abend zum drittenmal das Telephon klingelt, dann krampft sich bei mir alles zusammen, und da hilft dann auch kein spezieller Stuhl! Erst gestern brachte sie mir bequeme Schuhe, um die Belastung der Füße zu verringern, und ein schikkes Umstandskleid, damit mein glücklicher Zustand auch nach außen deutlich wird! Sogar in den Kurs für werdende Mütter hat sie mich begleitet! Das war mir dann schon fast peinlich! Im Grunde ist das ja alles sehr lieb, aber halt manchmal zu viel! Wenn ich mit meinem Mann Streit habe, dann einzig und allein wegen Mutti. Er ist da richtig eifersüchtig! Manchmal denke ich, sie kompensiert jetzt ihr schlechtes Gewissen, weil ich nach der Scheidung meiner Eltern für vier Jahre ins Internat mußte. Vielleicht will sie unbewußt diese Jahre nachholen und schießt übers Ziel hinaus! Damals hatte sie einen Freund, den sie abgöttisch liebte. Ich stand dann oft irgendwie außen vor, störte, wenn ich da war! Sie war völlig absorbiert von diesem Mann und ihren Gefühlen für ihn. Heute kann ich sie da ja besser verstehen. Aber sie müßte auch begreifen, daß ich keine Ehe zu dritt führen möchte! Sie sollte einfach unseren Privatbereich mehr achten und respektieren. Aber da sie jetzt schon seit drei Jahren allein lebt, schüttet sie halt das Füllhorn ihrer Liebesgefühle voll über mir aus!"

Renate:

„Ich verstehe gar nicht, was Chris meint! Um ehrlich zu sein, ich fühle mich richtig verletzt! Rufe ich denn wirklich dreimal am Tag an? Mir kommt das viel weniger vor! Daß ich sie in der Schwangerschaft ein bißchen verwöhne und mich sorge, das ist doch normal. Besonders wo ich mich so auf mein Enkelkind freue! Vielleicht muß ich mich in Zukunft wirklich ein wenig mehr zurückhalten? Ich glaube, mein Schwiegersohn ist nur so eifersüchtig, weil er das bei seiner eigenen Mutter nie erlebt hat, dieses Füreinander-da-Sein und dieses Umsorgen. Ich werde versuchen, einmal nicht von mir aus anzurufen und zu warten, bis sie anruft. Obwohl das absolut unsinnig ist, dann muß ja Chris die hohen Telephongebühren bezahlen. Am Wochenende, wenn Horst da ist, werde ich mir vornehmen, mal gar nicht anzurufen. Ich habe ja nicht gewußt, daß ich der Anlaß für Streit und Zank bin. Das macht mich jetzt doch ganz schön betroffen. Warum freuen sie sich nicht einfach, wenn ich versuche, sie durch meine Gaben auch finanziell zu entlasten? Ich schenke doch so gerne!"

Inzwischen ist der kleine Jakob geboren. Renate verschickte an Freunde und Bekannte ein bezauberndes Photo: Eine allerliebste Oma im Spitzenhäubchen hält verliebt ihr Enkelkind im Arm. Darunter der Text: „Mein Enkel Jakob wurde Montag um 13.00 Uhr geboren! Renate, eure überglückliche Großmutter!" Oft sind Töchter gerne bereit, die Rechnung für Rollen- und Beziehungskonflikte zu zahlen. Das scheint für beide Seiten bequem und äußert sich oft in einem schier grenzenlosen Verständnis für Mutti, „denn sie ist doch die Beste". Auf der anderen Seite heißt es aber dann: „Ich finde so schwer Freunde".

Die gewohnte Ordnung in Beziehungen kann sich rasch auf den Kopf stellen. Zum Beispiel dann, wenn eine seelisch zu starke, in vieler Hinsicht überkompetente Mutter den Töchtern zum riesigen Problem wird. Dann kommt ein neuer Aspekt ins Rollenspiel – die Wut über das „starke Geschlecht":

Babette (51 Jahre), Dokumentarfilmerin und Luise (25 Jahre), Studentin der Zahnmedizin sowie Karen (26 Jahre), Architektin und Mutter einer drei Monate alten Tochter.

Luise und Karen:

„Unsere Mutter hätte in der heutigen Zeit bestimmt keine Kinder. Aber damals war es für eine Frau halt so üblich, zu heiraten, Kinder zu bekommen, das gehörte einfach dazu."

Luise:

„Was mich an meiner Mutter am meisten stört: Sie stellt sich selbst nie in Frage, sie stellt sich keiner Kritik und entzieht sich jeder Auseinandersetzung. Besonders dann, wenn es um Gefühle und Nähe geht. Da blockt sie völlig ab, wahrscheinlich hat sie einfach Angst davor. Diese dunklen Seiten, die nicht dem Gesetz des Verstandes und der Ratio gehorchen, sind für sie gefährliche Abgründe, denen man sich besser erst gar nicht nähert. Mit unseren Nöten und Sorgen sind wir deshalb immer zu unserem Vater gegangen. Sogar als ich meine erste Periode bekam, lief ich zu ihm und holte mir Rat. Völlig absurd, wenn ich mir das heute so vorstelle! Meine Mutter entsprach nie dem klassischen Rollenbild der Mutter und Ehefrau. Man konnte mit ihr wunderbar diskutieren, über Kunst, über Politik, über alles, was mehr den Verstand als das Gefühl ansprach. Überall wußte sie Bescheid, war darin beschlagen, nicht nur so oberflächlich, nein, sie hatte echte Ahnung, kannte sich da aus. So kompetent sie auf sachlich-wissenschaftlichen Gebieten war, so unzulänglich war sie bei allem, was mit Leib oder Seele zu tun hatte. Zum Beispiel „Sexualität": die gab es offensichtlich gar nicht, denn bei uns war sie nie ein Thema. Und das bei damals drei pubertierenden Töchtern! Auch seelische Nöte waren kein Thema. Derartiges hieß dann „psychologisieren" oder „zum Problem aufblasen". Und so etwas findet sie einfach lächerlich. Vielleicht ist mein Vater der einzige, der an ihr eine gefühlsbetonte Seite kennen könnte. Ihre Beziehung zu ihm war immer eng und intensiv. Schon sehr früh waren wir oft wochenlang allein und betreuten und bemutterten bereits mit knapp vierzehn unsere kleinere Schwester, wenn die Eltern zum Drehen weg waren. Heute sehe ich das als Überforderung. Zwangsläufig schlossen wir beiden „Großen" uns besonders eng zusammen. Wir haben uns gegenseitig Wärme und Nähe gegeben, die unsere Mutter uns nicht geben konnte. Auch heute noch sind wir unzertrennlich und stecken viel zusammen. Meine Mutter fühlte sich bei uns beiden immer ausgeschlossen und außen vor. Daran hat sich bis heute nichts geändert!

Meine spezielle Problematik war, daß meine Mutter sich selbst in mir zu erkennen glaubte. Das was für sie als junges Mädchen schwierig war, projizierte sie jetzt auf mich. Meine Körpergröße beispielsweise: weil sie selbst unter ihrer Größe gelitten hat, erwartet sie zwangsläufig, daß auch ich darunter zu leiden habe. Daß ich dadurch keine Komplexe bekam, wundert mich heute noch! Vor anderthalb Jahren ungefähr versuchte meine Mutter dann, unser Verhältnis enger zu gestalten. Ich war damals für sechs Monate in New York. Spontan beschloß sie, mich mit Karen zu besuchen. Mir war dieser Besuch gar nicht recht, aber ich brachte es nicht fertig, nein zu sagen. Das Ganze war dann auch ziemlich furchtbar. Zwar gab sie sich große Mühe, mit Karen und mir in so einer Art Frauen-Kooperative Solidarität zu üben nach dem Motto: Wir sind drei Frauen, völlig locker, völlig gleichberechtigt und trotzdem nah. Alles wurde dreigeteilt. Ob es der Kaufpreis für eine Dose Cola war oder sonst was. Ich konnte das fast nicht ertragen, das war nicht das, was ich wollte, das war nicht die Nähe, von der ich immer geträumt hatte. Aber obwohl auch sie das gespürt hat, darüber gesprochen wurde nie!"

Karen:

„Meine Beziehung zu meiner Mutter ist nicht so problematisch wie die von Luise. Luise hat ja bereits erzählt, daß wir sehr früh Verantwortung für unsere kleine Schwester übernommen haben, wenn die Eltern wochenlang im Ausland waren. Das hat unsere Selbständigkeit natürlich sehr gefördert. Was mir bei meiner Mutter am meisten gefehlt hat, das war vor allem Offenheit in bezug auf Gefühle und Wünsche. Sie bietet zum Beispiel nie von sich aus ihre Hilfe an, immer muß man auf sie zugehen und sie darum bitten. Früher habe ich mich oft mit ihr gestritten, manchmal haben wir dann tagelang nicht mehr miteinander gesprochen. Ich habe mich schon immer mit ihr auseinandergesetzt. Schlimm war's, als ich dann meinen ersten Freund hatte. Meine Eltern waren damals gerade für einige Wochen weg. Als sie dann zurück waren und ich meiner Mutter sagte: „Ich übernachte heute bei meinem Freund", da geriet sie völlig aus dem Häuschen. Sie brach in Tränen aus und war außer sich! Für mich war das nicht nachvollziehbar: auf der einen Seite völlige Eigenverantwortung und totale Selbständigkeit und dann, ganz plötzlich, wird mir diese Eigenverantwortung wieder abgesprochen! Als es dann eskalierte, da zog ich aus. Ich war damals erst siebzehn. Meine Eltern zahlten mir nur die Zimmermiete, und ich mußte mir meinen Lebensunterhalt selbst verdienen. Ich jobbte dann immer am Abend und an den Wochenenden, denn ich ging ja noch zur Schule und wollte mein Abitur machen.

An meinem engen Verhältnis zu Luise hat sich bis heute nichts geändert. Sie war sogar bei der Geburt meines ersten Kindes dabei, und zwar die ganze Zeit! Sie war dann auch die erste, die mit einem Riesenkorb an meinem Wochenbett erschien. Dutzende von liebevoll verpackten Sächelchen und Sachen. Meine Mutter hatte mir nichts mitgebracht, als sie mich in der Klinik besuchen kam. Überhaupt ziehen sich meine Eltern immer mehr zurück. Wir finden, daß sie egoistisch und unempfindlich für unsere Bedürfnisse werden – fast lieblos. Jedenfalls empfinde ich das manchmal so."

Babette:

„Die Beziehung zu meinen beiden erwachsenen Töchtern ist zur Zeit so schwierig wie nie in den ganzen Jahren vorher. Alles wird zum Vorwurf. Wenn du sie hörst, könntest du glauben, daß sie bei uns barfuß durch die Hölle marschierten! Diesen Schuh ziehe ich mir nicht an. Wenn sie sich ablösen müssen und das nur auf diese krasse Art schaffen, na gut, dann läßt sich das nicht ändern. Natürlich macht mich das traurig und, ich gesteh's, auch wütend! Denn die Lieblosigkeit und Ungerechtigkeit sehe ich im Moment bei ihnen. Schließlich bin ich noch keine Rentnerin, die sich voll auf ihre Enkel stürzt. Ich habe schon immer meine Arbeit und mein Eigenleben gehabt, und das werde ich auch weiterhin haben!"

Fazit: Die ideale Mutter-Tochter-Beziehung existiert wohl nur in der Einbildungskraft. Denn alles Lebendige muß werden und vergehen – und das heißt Auseinandersetzung, Neuorientierung, Loslassen, Tolerieren, Fremdes akzeptieren. Das gilt für Mütter und Töchter gleichermaßen.

Die Beziehung zwischen Mutter und Tochter ist tatsächlich eine ganz besondere! Extreme Nähe und Vertrautheit, die schon durch die Gleichgeschlechtlichkeit vorgegeben ist, führt aber leider auch zu extremen Formen der Abhängigkeit. Viele längst erwachsene Frauen schlagen sich fast ihr ganzes Leben lang mit zwiespältigen Gefühlen gegenüber ihren Müttern herum. Die Zwiespältigkeit erzeugt Schuldgefühle (sie hat's ja so gut gemeint!), und aus dem Schuldgefühl entstehen dann wieder Verhaltensweisen, die uns daran hindern, diesen „Teufelskreis" zu durchbrechen! Da ist der Wunsch nach einem guten Verhältnis zur Mutter, auf der anderen Seite der Wunsch nach absoluter Abgrenzung: nur nicht so werden wie sie! Ich erlebe das auch bei meiner eigenen Tochter: Will ihr Vater sie kränken oder verletzen, so gelingt es ihm fast immer mit dem Satz: „Du wirst ja schon wie deine Mutter!" Dieser Satz trifft fast immer! Denn Julie weiß genau, daß sie nie, nie so werden will wie ich! Doch dies bedeutet nicht mehr und nicht weniger als: „Ich muß mich völlig von dir lösen, will ganz anders sein als du, um eine eigene Identität zu finden. Nur so kann ich autonom und frei werden!" Warum ist für viele junge Frauen das Verhältnis zur eigenen Mutter so schwierig, warum ist da auf beiden Seiten so viel Wut und Enttäuschung? Und gleichzeitig der tiefe Wunsch nach Verständigung und Angenommensein? Gut, die Mutter hat sicher nicht all unsere Bedürfnisse befriedigen können, aber das ist normal – kein Mensch kann das. Und beim größeren Kind tritt das Bedürfnis, von der Mutter genährt, umsorgt und beschützt zu werden, langsam in den Hintergrund. Auch wenn sich die größere Tocher oder der Sohn zwischendurch noch gerne verwöhnen läßt: gegen eine damit verbundene Abhängigkeit wird jetzt mit allen Mitteln rebelliert! Wenn die Mutter dafür Verständnis hat, jetzt nicht vorwurfsvoll im Schmollwinkel sitzt, das heranwachsende Kind sogar darin bestärkt, seine eigenen Fehler und Erfahrungen zu machen, sich von ihr zu lösen, dann leistet sie einen wichtigen Beitrag für echtes Selbstvertrauen und wirkliche Autonomie bei ihrer Tochter (respektive dem Sohn!).

Meist ist es aber so, daß wir (die Mütter) entweder das eine oder das andere können! Sind wir besonders umsorgend, dann fällt es uns meist sehr schwer Loszulassen, unser gehätscheltes Küken frei zu geben. Ohne es zu wollen, klammern wir und verhindern oder verzögern damit die Entwicklung unseres „Lieblings" ganz erheblich! Die Kehrseite der Medaille heißt: „Du hast uns überfordert, wir mußten viel zu früh selbständig sein, Verantwortung übernehmen!" Auch dieser Mangel an Nähe passiert nicht, weil die Mutter kalt oder selbstsüchtig oder was auch immer ist, nein, auch diese Mutter will „nur das Beste" für ihr Kind. Ihr Kind soll selbstbewußt und selbständig sein, je eher desto besser! Die glückliche Verbidnung dieser beiden Verhaltensweisen gelingt nur, wenn wir uns mit unseren eigenen Ängsten und Erwartungen kritisch auseinandersetzen und uns selbst den Spiegel vorhalten!

Daß das Verhältnis zur Mutter meist ein ganzes Leben lang unkündbar ist, wird den Töchtern spätestens dann klar, wenn sie selbst „in die Jahre" kommen. Gebeutelt von ihren eigenen Trennungsängsten, an der Grenze zum dritten Lebensabschnitt, konfrontiert mit Wandlungen, denen niemand entgeht, mit ausziehenden Kindern, eingeschlafenen Ehen oder schmerzlich überstandenen Scheidungen, mit Wechseljahrsbeschwerden, nachlassender Attraktivität und verzweifelter Sinnsuche, kommt jetzt ein Problem auf die Tochter zu, dem sie sich in seiner Tragik kaum entziehen kann: Die eigene Mutter braucht Hilfe. Alt und gebrechlich ist sie es, die jetzt die Fürsorge und den Beistand der

Tochter benötigt. In einer Phase, in der die nicht mehr junge Tochter (zu diesem Zeitpunkt meist selbst um die fünfzig) ihre Energie so dringend für die Neugestaltung ihres eigenen Lebens brauchen würde, steht wieder das Wohl anderer im Vordergrund. Was für Zweifel und Schuldgefühle und auch Ohnmacht (bis hin zum hilflosen Zorn) da in vielen „Töchtern" aufsteigt, das können nur die nachvollziehen, die selbst so „in die Pflicht" genommen wurden!

Auch ich bin die Tochter meiner Mutter. Und auch ich kenne das Gefühl, nicht genug für sie da zu sein. Meine Mutter lebt in einer anderen Stadt. Alle drei bis vier Wochen fahre ich für zwei oder drei Tage zu ihr, und das genießen wir dann immer beide sehr. Im Grunde ist es zu selten, denn vier Wochen sind eine lange Zeit. Meine Mutter macht es mir leicht, sie ist auch im hohen Alter von sechsundachtzig Jahren noch sehr lebendig, lebensfroh und autonom. Aber vielleicht geht es ihr manchmal gar nicht so gut damit, und sie zeigt es mir nicht, um mich mein eigenes Leben leben zu lassen? Ich bewundere sie dafür, und ich bin ihr sehr dankbar! Bis vor einem Jahr hat sie noch allein in ihrem Haus gelebt, hat auch den Garten noch allein versorgt. Wir haben lange überlegt, wie das zu ändern wäre, und ich glaube, wir haben eine gute Lösung gefunden. Eine liebe, alleinstehende Dame bewohnt jetzt das obere Stockwerk. Sie kauft manchmal ein, hilft im Garten, und sie ist da. Meine Mutter ist froh, und auch mir ist es eine große Beruhigung, sie nicht ganz allein zu wissen. Wir telephonieren oft und viel miteinander, und einmal im Jahr fahren wir zusammen weg. Vielleicht ist das nicht die beste aller Lösungen, aber mit Sicherheit ist es eine gute Lösung!

Hanne (56 Jahre), Hausfrau und Sophie (26 Jahre), Reiseleiterin.

Sophie:

„Meine Mutter ist für mich die wichtigste und liebste Person überhaupt! Sie ist meine einzige wirkliche Freundin! Sie kennt mich in- und auswendig, und das Schönste daran, sie mag mich trotzdem und läßt mich nie fallen! Die Wochenenden verbringe ich meist mit ihr. Wir lieben beide die Natur und Tiere. Wir machen endlos lange Spaziergänge und reden dabei über alles. Ja, buchstäblich alles! Darauf könnte ich nie verzichten, denn sie ist die einzige, die mich wirklich versteht. Das gilt besonders für die letzten vier Jahre. Früher gab es da viel Gerangel und Gebuhle um ihre Gunst. Bei fünf Kindern kann man sich das ja vorstellen! Wir rivalisierten richtig um ihre Liebe und Aufmerksamkeit. Der Kontakt unter uns Geschwistern hat da sicher drunter gelitten, alles zentrierte sich auf sie. Unser Vater trat kaum in Erscheinung, er hatte auch für Mutter nicht halb so viel Bedeutung wie wir Kinder.

Die Meinung anderer Leute war ihr immer völlig egal, sie war schon immer unabhängig und progressiv. Politisch engagiert und interessiert wie sie ist, gab es kaum eine Demo oder einen Ostermarsch ohne sie. Trotzdem ist sie in vieler Hinsicht recht konservativ. Sie hat genaue Vorstellungen, was sich für ein Mädchen gehört, wie es sich zu kleiden hat und derlei Dinge mehr. Da hatten wir dann bis vor vier Jahren ganz schöne Zusammenstöße! Und da ich als Schulkind immer die alten Sachen meiner Cousine auftragen mußte und von meinen Mitschülern deshalb gehänselt wurde (meine Mutter wollte das nie glauben), habe ich das dann später durch extreme Kleidung und Aufmachung kompensiert. Sie hat darunter richtig gelitten und fand das ganz entsetzlich! Als ich dann vor fünf Jahren in eine Wohngemeinschaft mit drei Studentinnen zog, da trennte sie sich spontan von meinem Vater und zog einfach mit! Das fand ich unheimlich mutig und toll! Sie hatte dann so ihre bestimmte Vorstellung vom Zusammenleben, alles sehr liberal und frei, aber mit viel sozialem Engagement und Verantwortungsgefühl. Richtig geklappt hat das dann leider nicht. Es war wohl irgendwie eine unglückliche Konstellation: wir beide so als halbe Familie auf der einen Seite, die drei Studentinnen auf der anderen. Es gab endlosen Ärger über Putz- und Küchendienste und über tausend andere Unwichtigkeiten. Heute lebt jeder von uns für sich, aber wie schon gesagt, wir sehen uns fast jedes Wochenende.

Das Verhältnis zwischen mir und meiner Mutter? Sehr, sehr gut, um nicht zu sagen ideal!"

Hanne:

„Sophie sieht das alles ein wenig zu verklärt und einseitig. Die frühen Jahre, als die Familie noch komplett war, hat sie dabei ausgeblendet. Wir haben uns im wahrsten Sinn des Wortes zusammengerauft. Es gab ständig Auseinandersetzungen, und diese Harmonie, die sie schildert, existiert erst in den letzten vier Jahren. Unsere Familiensituation war sehr schwierig, wir versuchten zwar, unseren Mann-Frau-Konflikt vor den Kindern zu verbergen – heute denke ich, das war das Verkehrteste an der ganzen Sache. Trotzdem oder gerade deswegen hat das unser Familienleben stark beeinflußt, um nicht zu sagen belastet. Zusätzlichen Zündstoff brachte die große Verschiedenheit zwischen Sophie und unserer Adoptivtochter. Sie lagen sich ständig in den Haaren, und ihre Eifersüchteleien machten uns allen das Leben nicht gerade leichter. Aber wie gesagt, Ende gut, alles gut! Wir haben uns zusammengerauft."

Inzwischen sind fast zwei Jahre vergangen, und im Beziehungsgeflecht von Sophie und Hanne haben sich tiefgreifende Neuerungen ergeben. Sophie, die sich in einen jordanischen Studenten verliebt hatte, wurde schwanger! Der junge Vater in spe geriet darob in Panik und kehrte unverzüglich in seine Heimat zurück. Sophie ihrerseits war in einem tiefen Zwiespalt: Der Rat guter Freunde, eine Abtreibung ins Auge zu fassen, kam für sie nicht in Frage. Zum einen war die Vorstellung, so ein kleines, hilfsbedürftiges Wesen zu haben, für sie ein wunderbarer Gedanke. Hatte sie doch Jahre unter ihrer Einsamkeit und Kontaktscheu gelitten. Zum anderen hatte sie berechtigte Angst, dieser Aufgabe im Alleingang nicht gewachsen zu sein. Auch finanziell waren die Aussichten nicht gerade rosig, denn ihrem Beruf als Reiseleiterin konnte sie mit einem Baby nicht mehr nachgehen. Sophie wandte sich also an Hanne, um sich Rat und Mut zu holen. Und auch diesmal wurde Hanne den in sie gesetzten Hoffnungen gerecht. Sie konnte Sophies Wunsch nach einem Kind durchaus verstehen. Zwar hätte sie sich die Bedingungen anders gewünscht, aber Abtreibung war auch für sie kein Thema. Obwohl sie selbst gerade eine Ausbildung als Heilpraktikerin machte, stand sie Sophie während der ganzen Schwangerschaft mit Rat und Tat zur Seite. Inzwischen ist die kleine Nora geboren, und Hanne ist auch als Großmutter der Fels in der Brandung. Sie bringt morgens das Baby zur Kinderkrippe und holt es am Nachmittag dort wieder ab. Auch Sophie besucht jetzt eine Schule für Heilpraktiker. Endziel der beiden: eine eigene Praxis. Gemeinsames Arbeiten würde auch am ehesten die Integration der heißgeliebten kleinen Nora ermöglichen. In diesem unabhängigen Mikrokosmos könnten sie sich stundenweise abwechselnd um Nora kümmern. Bis es soweit ist, halten sie zusammen und teilen sich die Pflichten in ihrer nicht ganz einfachen Situation.

Auch bei Müttern und Töchtern bestimmt die seelische Stärke den Grad der persönlichen Autonomie. Wird dem notwendigen Ringen darum ausgewichen, so wird Autonomie leicht mit Gleichmacherei verwechselt, nach dem Motto: Jede für sich – (k)eine für alle:

Roswitha (42 Jahre), Kauffrau und Anna (18 Jahre), Schülerin.

Anna:

„Meine Mutter hat mir schon immer viel Freiraum und Eigenverantwortung gelassen. Das war wohl weniger eine Frage der Einsicht als der Not gehorchend. Als sich meine Eltern trennten, da war ich neun, mein Bruder zwölf Jahre alt. Ich ging mit meiner Mutter, mein Bruder blieb beim Vater. Alle vierzehn Tage kam er am Wochenende zu uns. Meine Mutter mußte ganztags arbeiten, da war es ganz schön, daß wir uns das Haus aus finanziellen Gründen mit einem jungen Paar teilten. Als dann aber auch noch der neue Freund meiner Mutter bei uns einzog, war das für mich ein ziemliches Problem. Ich war sehr eifersüchtig auf ihn und er auf mich. Das blieb auch bei späteren Beziehungen meiner Mutter immer das Grundmuster. Als die Beziehung nach einem Jahr zerbrach, stand schon wieder ein Wechsel für mich an. Diesmal zogen wir (meine Mutter und ich) in die nahe Stadt. Für mich hieß das Schulwechsel und Verlust meiner Freunde. Meine Freundesclique war für mich immer sehr, sehr wichtig gewesen, besonders meine beste Freundin Conni, die genau dieselben Probleme hatte wie ich, und mit der ich immer alles besprochen hatte. Jetzt ging es mir erst mal gar nicht gut.

Inzwischen habe ich mich hier gut eingelebt und fühle mich wohl. Vielleicht auch, weil ich seit drei Monaten einen Freund habe und auch viel bei ihm bin. Die Beziehung zu meiner Mutter ist dadurch besser und entspannter. Ich konnte ihn von Anfang an mit nach Hause bringen, auch über Nacht. Da war meine Mutter schon immer riesig großzügig und tolerant. Auch meinen ersten Freund, den ich schon mit fünfzehn hatte, hat sie sofort akzeptiert, und er durfte dann ziemlich bald bei mir übernachten. Vieles bespreche ich mit meiner Mutter, aber natürlich längst nicht alles. So intimere Dinge bespreche ich lieber mit meiner Freundin. Trotzdem finde ich's so, wie es bei uns ist, ganz in Ordnung. Wenn ich später eine Tochter haben sollte, dann würde ich versuchen, es ähnlich zu machen."

Roswitha:

„Im großen und ganzen ist es so, wie Anna sagt. Allerdings muß ich noch die Schuldgefühle erwähnen, die ich nach der Trennung von meinem Mann hatte. Meine Eigensucht hatte den Kindern die Familie genommen. Zusätzlich belastet wurde Anna dann noch durch meine neue Beziehung. Ich denke nachträglich, daß ich ihr da einiges zugemutet habe. Und das in einem ohnehin schwierigen Alter. Sicher kam sie sich da manchmal einsam und verloren vor. Aber das war wohl auch ihre Chance, da ich nie geklammert habe und immer ein intensives Eigenleben führte, habe ich sie früh loslassen können und ihr viel Platz zu Selbständigkeit und Autonomie gegeben. Und Anna ist heute sehr selbständig und unabhängig. Darauf bin ich sehr stolz!"

Sind alleinerziehende Väter die besseren „Mütter"?

Zum Schluß meiner Recherchen möchte ich mich noch einer ganz besonderen Spezies, dem alleinerziehenden Vater widmen. Wie wird dieses „Zwitterwesen" aus Mutter und Vater seiner Rolle gerecht? Und wie sehen die betroffenen „Kinder" diese Familiensituation, was empfanden sie als besser beziehungsweise komplizierter an ihrer Situation? Haben sie etwas vermißt? Haben sie anderen Heranwachsenden etwas voraus? Wie erleben sie die gegenseitige Ablösung? Inzwischen leben nahezu zwei Drittel aller Schüler mit nur einem Elternteil (vorzugsweise der Mutter), die „Scheidungswaisen" sind auf dem Vormarsch, und es wäre an der Zeit, diesen veränderten Strukturen Rechnung zu tragen. Ich denke da an speziell ausgebildete Lehrer und Erzieher, die geeignet und gewillt wären, bei Bedarf begleitende Funktionen (z. B. in Form von Gesprächen) anzubieten. Da hätte dann der Sohn einer alleinerziehenden Mutter Gelegenheit, sich einen geeigneten männlichen Vorbild- und Identifikationspart zu suchen (wichtig, wenn der eigene Vater, aus welchen Gründen auch immer, ausfällt!), oder die Tochter eines alleinerziehenden Vaters sucht sich ihren weiblichen Gegenpart. Aber noch wichtiger wären natürlich ausreichend vorhandene soziale Einrichtungen, die der veränderten Situation Rechnung tragen. Ganztagsschulen mit Hausaufgabenüberwachung, die so konzipiert sind, daß die Kinder freiwillig und gerne da sind. Kindertagesstätten, die nicht „Bewahranstalt", sondern kreativer und gesuchter Treffpunkt sind usw.

Doch wenden wir uns wieder unserem alleinerziehenden Vater zu:

Hubert (49 Jahre), Arzt und Andy (20 Jahre), Student der Betriebswirtschaft:

Andy:

„Ich lebe seit meinem zwölften Lebensjahr mit meinem Vater allein. Meine Mutter zog nach der Scheidung ziemlich weit weg, und da ich meine Freunde nicht verlieren wollte und auch ein Schulwechsel nicht in Frage kam, blieb ich bei meinem Vater. Klar, es war zuerst eine große Umstellung! Da er eine große Praxis hat und wenig zu Hause ist, kam ich mir anfangs manchmal schon ein bißchen verwaist vor.Erschwerend fand ich auch, daß mein Vater die ersten anderthalb Jahre so gedrückt und melangklüterig (melancholisch zum besseren Verständnis) war. Er hat's wohl nicht so gepackt, daß meine Mutter ihn verlassen hat. Wo er uns doch ein so ‚schönes' Leben ermöglicht hat. Ich glaube, er hat bis heute noch nicht ganz gecheckt, warum sie weg ist! Daß sie zu viel allein war, zu wenig Ansprache hatte und sich wohl ghettoisiert fühlte. Na ja, vielleicht war da ja auch noch was, was ich nicht so mitbekam! Tatsache ist, er war heidenfroh, daß ich bei ihm blieb, sonst wäre er wohl ins depressive Loch geplumpst! Anfangs dachte er, er müßte für mich eine Haushaltshilfe anstellen, eine, die mittags mit dem Süppchen wartet, wenn ich aus der Schule komme, und die morgens guckt, ob ich auch meine Mütze und meinen Schal um habe. Mir war das eher lästig. Nach der Schule ging ich sowieso meist mit meinem Freund zu ihm nach Hause, und abends war dann mein Vater da. Wir haben dann mit der Mutter meines Freundes ein Agreement geschlossen, daß ich viermal die Woche mit zu ihm kam, einen Tag war ich allein, und am Wochenende war mein Vater da. Das lief recht gut und wurde mit der Zeit immer besser (schließlich wurde ich ja älter!). So mit vierzehn wollte ich dann gar nicht mehr so regelmäßig woanders sein, da war ich ganz froh, wenn ich nach der Schule allein zu Hause war. Mein Vater rief mich dann immer aus der Praxis an, um zu hören, was so gelaufen war. Überhaupt war das Verhältnis zu ihm phantastisch, seit wir allein waren. Ich freute mich den ganzen Tag auf den Abend. Dann machten wir's uns gemütlich, kochten gemeinsam (haben wir zusammen aus Kochbüchern gelernt!), und inzwischen sind wir, was das Kulinarische angeht, ziemliche Spitze! Er hat dann die Hausaufgaben nachgesehen, und danach haben wir gequatscht oder ferngesehen. Die Wochenenden waren das Beste: Da waren wir segeln oder im Winter schifahren und meist auf Achse! Meine Freunde haben mich richtig beneidet.

Je älter ich wurde, um so gleichberechtigter wurde unser Verhältnis! Wir sind richtige Kumpel! Ein- oder zweimal hat er versucht, eine neue Frau hier einzuschleusen, aber das ging immer ins Auge! Wir brauchten ja auch niemanden! Allerdings jetzt, wo ich eine Freundin habe, da denk ich manchmal, es wäre besser, wenn auch er nicht so allein wäre. Ich mach ihm jetzt immer Mut, mal auf die Pirsch zu gehen und sich ein wenig umzuschauen. Denn ich bin dabei, mir zusammen mit meiner Freundin eine kleine Wohnung zu suchen."

Hubert:

„Die Hauptgeschichte ist ja bereits erzählt. Ich habe die Jahre mit Andy genossen. Ich hatte viel Spaß mit ihm und an ihm! Natürlich war das nicht immer ganz leicht, neben der Praxis immer voll für den Jungen da zu sein. Aber er hat es mir in vieler Hinsicht leicht gemacht, er war ein „Selbstläufer", auch in der Schule. Außerdem hatten wir dieselben Hobbies, das machte die Sache noch unkomplizierter. Manchmal wäre ich abends gerne ein bißchen rausgegangen. Das war die ersten Jahre nicht so möglich, da wollte er nicht allein bleiben. Später wäre das dann möglich gewesen, aber jetzt hatte ich die Lust verloren. Und noch ein bißchen später sind wir dann abends zusammen rausgegangen. Mal ins Kino, mal zum Essen, mal etwas Kulturelles (schließlich hatte ich da ja Vorbildfunktion!). Frauen? Natürlich habe ich manchmal daran gedacht, hatte auch meine ein oder zwei Affairen, vielleicht waren's auch ein paar mehr? Aber irgendwie hat es nie so richtig gepaßt! Entweder mochten sie nicht immer mit Kind sein, oder er mochte sie nicht. Wie es halt so ist! Einmal, als es bei mir ernster war, da hat er das sofort gespürt und sie so richtig weggebissen! Damals habe ich das gar nicht so gemerkt. Heute denke ich, daß ich da zu schwach war, oder ich hatte wegen meiner Eheerfahrung Manschetten? Wer weiß?

Im Moment sucht Andy eine Wohnung, und selbstverständlich helfe ich ihm dabei! Obwohl mir gar nicht zum Lachen ist, und ich mit Grausen an die Zeit ‚danach' denke!"

Eine viel subtilere Situation ergibt sich für alleinerziehende Väter, die sich in der schwierigen Situation befinden, einer oder auch mehrerer heranwachsender Töchter gerecht zu werden. Ist und bleibt die weibliche Psyche doch den meisten Männern zeitlebens ein Buch mit sieben Siegeln!

Michael (54 Jahre), Architekt, und Benedikte (19 Jahre), Abiturientin sowie Musch (23 Jahre), Restauratorin:

Musch:

„Ich war elf, und meine Schwester war knapp acht, als meine Mutter von uns wegging. Ich weiß noch genau wie das war: Ich saß draußen auf dem Mäuerchen und guckte zu, wie sie ihren Koffer und ein paar Kartons ins Auto packte. Dann sagte sie nur: ‚Ich geh jetzt', stieg ein und fuhr ab. Ich blieb wie gelähmt sitzen und dachte, jetzt ist sie weg. Geweint habe ich nicht. Es hatte in den letzten Monaten so viel Zoff und Streit bei uns gegeben, daß die eingekehrte Ruhe fast schön war. Meine kleinere Schwester tat sich da schwerer. Sie verkroch sich völlig in sich selbst und sprach fast nicht mehr. Da mein Vater auch fast nichts spricht, kehrte bei uns schlagartig Grabesstille ein. Mein Vater, immer schon introvertiert, wurde noch stiller, noch karger. Der Irrwisch, der bei uns Leben in die Bude gebracht hatte, das war meine Mutter gewesen. Da mein Vater morgens in sein Büro mußte und vor vier, halb fünf nie wiederkam, begannen für uns Mädchen seltsam vogelfreie, unbeaufsichtigte Zeiten. Meist kauften wir uns nach der Schule von unserem Taschengeld Unmengen von Süßigkeiten. Mit denen stopften wir uns dann Nachmittage lang voll und saßen vor der Glotze. Alle zwei Tage rief meine Mutter an und fragte, was wir machen, ob's uns gutgeht und ähnliche Sachen. Wir waren unglücklich und wurden immer fetter (die Süßigkeiten!). Als es in der Schule dann nur noch schlechte Noten hagelte, da merkte dann auch unser Vater, daß es so nicht weiterging. Er gab sich ja redlich Mühe, alles auf die Reihe zu kriegen. Er bügelte sogar unsere Unterhosen, und es dauerte Wochen, bis wir ihm klarmachen konnten, daß kein Mensch Unterhosen bügelt! Er suchte sich dann einen Kompagnon und arbeitete fürs erste nur halbtags. Unser Leben normalisierte sich wieder. Auch in der Schule wurde alles wieder besser. Als er uns dann glücklich auf dem Gymnasium hatte, fing er wieder an, ganztags zu arbeiten. Inzwischen hatten wir Mädchen gelernt, leidlich für uns selbst zu sorgen. Wir konnten einigermaßen kochen, und sogar backen war ab und zu drin! Wir hielten eng zusammen und gaben uns gegenseitig Schutz und Nähe, soweit das möglich war. Mit beginnender Pubertät wurde es dann wieder schwieriger. Vieles konnten wir mit Papa einfach nicht besprechen. Ich hatte dann schon mit vierzehn Jahren meinen ersten Freund. Der war fast zehn Jahre älter, und so rutschte ich viel zu früh in meine erste sexuelle Erfahrung hinein, einfach weil ich Zärtlichkeit und Nähe suchte. Ich glaube, das ist der Grund, warum ich Jahre brauchte, um zu begreifen, daß Nähe, Zärtlichkeit und Vertrauen nicht automatisch mit Sexualität gekoppelt sein müssen. Heute weiß ich, daß ich damals noch gar keine Sexualität wollte, aber bereit war, für ein bißchen Nähe diesen Preis zu zahlen. Mein Vater war da auch überfordert. Da er mich nicht unglücklich sehen wollte, erlaubte er in seiner Hilflosigkeit, daß mein Freund jede Nacht bei mir übernachtet. Ich selbst war's dann, die diese frühreife Geschichte beendete. Ich wußte plötzlich genau, daß ich, erst fünfzehnjährig, noch kein eheähnliches Verhältnis wollte. Mit den Jahren hatte sich unser sogenanntes Familienleben dann leidlich eingependelt. Benedikte und ich hatten alles voll im Griff, und unseren Papi, der so lieb, aber auch so hilflos ist, den entlasteten wir so weit als möglich. Dadurch sind wir beide sehr früh sehr selbständig geworden. Was mit Papi werden soll, wenn wir mal ausziehen, das weiß ich noch nicht. Um ehrlich zu sein, da mache ich mir schon jetzt einige Sorgen."

Benedikte:

„Ich werde jetzt noch die Sachen erzählen, die speziell mich betroffen haben. Da ich ja noch eine ganze Ecke jünger war als Musch, war das Weggehen von Mama für mich noch schlimmer als für sie. Ich schloß mich dann ganz eng an Musch an, krabbelte sogar nachts, wenn ich Angst hatte, in ihr Bett. Mit Mama war ich lange böse, war sie es doch gewesen, die uns verlassen hatte. Außerdem war ich zeitweise auch noch eifersüchtig auf Musch, denn ich dachte lange, daß unsere Mutter sich für sie weit mehr interessierte als für mich. Ganz schlimm wurde es dann, als Musch ihren ersten Freund hatte. Jetzt wollte sie nur noch mit ihm zusammen sein, und in ihr Bett durfte ich auch nicht mehr. Ich wurde dann ziemlich trübsinnig und tyrannisierte alle mit meinen Selbstmorddrohungen. In der Schule kompensierte ich mit Leistung. Ich entwickelte, dank meiner guten Noten, eine Art Elitebewußtsein, wurde elitär und unnachsichtig mit allen, die schlechter waren. Heute würde ich sagen, daß ich zu diesem Zeitpunkt ein nicht allzu sympathisches Kerlchen war! Auch bei mir besserte sich alles mit meinem ersten Freund, den ich übrigens immer noch habe, schon im dritten Jahr. Wahrscheinlich halte ich so verbissen an meiner Beziehung fest, weil er mir den Rückhalt gibt, den sonst die Familie garantiert. Mit unserem Papa hab' ich keine Probleme, er ist ein ganz, ganz Guter!"

Michael:

„Als meine Frau uns damals verließ, da war das für mich ein Schock. Ich konnte mir zuerst gar nicht vorstellen, wie ich meine zwei Töchter und meinen Beruf schaffen sollte. Obwohl dieses Kunststück ja Tausende von Frauen tagein und tagaus schaffen. Anfangs war dann auch alles genau die Katastrophe und das Chaos, das ich erwartet hatte. Ich habe dann die ersten Jahre meine beruflichen Ambitionen gedrosselt und mich mehr um die Mädchen gekümmert. Das hat mir viel Freude gemacht. Sie sind zwei so gute und zuverlässige Kinder, und sie haben meinem Leben viel Inhalt und Sinn gegeben. Sie sind nie ausgeflippt wie so viele andere junge Leute! Vorletzten Sommer haben wir zu dritt eine Radtour nach Budapest gemacht. Das war eine wunderschöne Erfahrung! Überhaupt ahnen ‚normale' Väter gar nicht, was sie sich alles entgehen lassen. Dieses intensive Leben mit Kindern ist durch nichts zu ersetzen. Ich habe durch meine beiden Töchter eine wunderbare Chance erhalten, und ich glaube, ich habe sie genutzt. Frauengeschichten hatte ich in diesen Jahren keine – zumindest keine ernsthaften. Aber das liegt sicher nur zum einen daran, daß ich kaum Zeit habe. Der Hauptgrund ist sicher, daß ich ein gebranntes Kind bin und große Angst davor habe, nochmal so verletzt zu werden. Was mir Sorge macht, das ist die Vorstellung, daß die beiden bald ausziehen könnten. Das schieb' ich noch ganz weit von mir weg, obwohl ich weiß, daß das Augenwischerei ist!"

Wie läuft es zwischen einem Vater und seiner Tochter, wenn diese nach elf Jahren absoluter Funkstille plötzlich vor seiner Türe steht und ihn mit der Tatsache vertraut macht, daß sie beschlossen hat, bis zum Abitur bei ihm zu leben, weil das Zusammenleben mit der Mutter und ihrem Freund „total ätzend" sei?

Fred (46 Jahre), Zahntechniker und Tina (16 Jahre), Schülerin:

Fred:

„Ich muß zugeben, als die Tina so plötzlich vor meiner Tür stand, ihren Koffer in der Hand, einen Karton mit Büchern neben sich, und mir einfach so sagte ‚ich bleib' jetzt bei dir!' habe ich zuerst mal geschluckt! Wie stellte sie sich das denn vor? Ich bin berufstätig, habe meine Hobbies, habe eine Freundin, die phasenweise auch bei mir wohnt, und einen Freundeskreis, der mir wichtig ist. Irgendwie paßte da eine fast erwachsene Tochter nicht so rein – dachte ich jedenfalls damals!

Inzwischen hab ich gesehen, es geht! Und es ist sogar schöner als ich dachte. Anfangs war's natürlich ein bißchen schwierig. Tina spürte meinen geheimen Wiederstand und war enttäuscht und verletzt. Sie hatte auch Grund dazu, nur habe ich das damals nicht begriffen. Sie hat dann dicht gemacht und war ziemlich aufsässig und motzig. Meiner Freundin ist es zu verdanken, daß sich die Lage entspannte und wir letztlich doch noch alles auf die Reihe brachten. Sie hat sich intensiv um Tina gekümmert, mit ihr geredet und geredet, ihr erklärt, daß ich die neue Situation auch erst verdauen muß, daß das nicht bedeutet, daß ich sie nicht lieb habe usw. Mir hat sie nachdrücklich klar gemacht, was es für ein Kind bedeutet, sich bei der Mutter und ihrem Freund im abseits zu fühlen und dann zum Vater zu kommen und das Gefühl zu haben, da auch unerwünscht zu sein. Ich habe mich dann sehr geschämt und fand mich selber ganz ekelhaft egoistisch und selbstsüchtig!

Inzwischen ist Tina etwas über ein Jahr bei uns, und unser Verhältnis hat sich sehr positiv verändert und stabilisiert! Anfangs haben wir wohl beide ein bißchen gefremdelt, wir hatten uns die ganzen Jahre ja verhältnismäßig selten gesehen und kannten uns gar nicht so richtig. Ob man diese Jahre nachholen kann, das bezweifle ich. Trotzdem haben wir jetzt ein Vertrauensverhältnis, das gut und stabil ist. Den engeren Draht hat Tina allerdings immer noch zu Sabine, meiner Freundin. Die beiden verstehen sich ausgesprochen gut und mögen sich sehr. Wir unternehmen viel zu dritt und haben viel Spaß zusammen. Als Tina an Weihnachten zu ihrer Mutter fuhr und wir zum erstenmal wieder allein eine Woche Ferien machten, hat sie uns richtig gefehlt.

Das Loslassen, wenn sie in zweieinhalb Jahren vielleicht wieder auszieht? Ich glaube, das wird für beide Seiten kein so großes Problem sein, denn dazu haben wir einfach zu lange ohne einander gelebt. Trotzdem bin ich dankbar, daß ich diese paar Jährchen noch mit Tina zusammen leben konnte. Da wurde mir sozusagen meine Tochter noch einmal geschenkt."

Tina:

„Für mich war's ein richtiger Schock, als ich vor einem guten Jahr zu meinem Vater kam und der alles andere als erbaut war! Richtig erschrocken hat er geguckt! Heute kann ich das besser verstehen. Die Vorstellung, sein gewohntes Leben plötzlich umkrempeln zu müssen, würde wohl vielen Angst machen. Wer ist schon so flexibel? Inzwischen fühle ich mich hier sehr wohl. Ich habe nette Freunde gefunden, eine Schule, in der ich mich wohlfühle, und mit Sabine, der Freundin meines Vaters, verstehe ich mich auch prima! Ich fühle mich bei den beiden wohl, bin akzeptiert und nicht das fünfte Rad am Wagen. Wir unternehmen viel zu dritt, etliches mache ich allein mit Freunden und einiges mit Sabine allein. Wir teilen uns auch die Hausarbeit. Und wenn ich Ärger mit Fred habe, dann steht sie immer zu mir, unterstützt mich und verteidigt mich bei ihm. Mein Vater hat halt manchmal ein bißchen komische Ansichten, was für ‚junge Mädchen' normal ist und was nicht. Ich glaube, das kommt davon, daß er mit Kindererziehung keine Erfahrung hat und jetzt einfach nichts übersehen und falsch machen möchte. Aber bei meinen schulischen Problemen, da ist er einfach ein As! Er arbeitet mit mir und unterstützt mich perfekt! Zusammenfassend möchte ich sagen, ich bin froh, daß ich damals zu ihm gekommen bin und daß wir alles so gut hingekriegt haben!

Man sieht: bei den alleinerziehenden Vätern ergibt sich ein fast deckungsgleiches Bild wie bei den Müttern. Auch sie können in ein Vakuum fallen und schmerzliche Verlust- und Trennungsängste haben. Nur sprechen sie in der Regel weniger darüber und gestehen sie nicht so ohne weiteres ein. Viele kompensieren den Verlust durch ein gesteigertes Arbeitspensum. Sie müssen sich ihrer Trauerarbeit nicht so unmittelbar stellen wie viele Mütter! Aber ob's hilft?

Nachwort

Zwei Jahre sind vergangen. Wie haben sich die Dinge inzwischen entwickelt und verändert?

„Nichts wird so heiß gegessen, wie es gekocht wird!", sagt der Volksmund. Diese Binsenweisheit trifft den Nagel auf den Kopf. Viele meiner Sorgen von damals waren überflüssig, manches, das mir damals bedrohlich vorkam, hat sich als Segen herausgestellt. Wieder einmal hat sich meine Erfahrung, daß die richtigen Dinge zur rechten Zeit auf einen zukommen, bewahrheitet. Dazu gehört eine Portion Gelassenheit, denn meist sind wir zu ungeduldig, wollen alles (er-)zwingen, und zwar sofort. Doch ist dies Abwartenkönnen, erst einmal zuzulassen, daß die Dinge anders laufen als wir es uns wünschen, wichtig, um Abstand zu gewinnen. Und Abstand ist unerläßlich zur Klärung! Nur durch Abstand werden wir fähig, das Problem noch einmal neu, aus einem völlig anderen Blickwinkel, anzugehen! Da ergeben sich dann Lösungen, die uns selbst überraschen und die so einfach und effizient sind, daß wir gar nicht begreifen können, warum wir nicht schon viel früher darauf gekommen sind.

Die Wogen haben sich geglättet, aus dem Sturm ist eine sanfte Brise geworden. Auch mein gebeuteltes Lebensschiffchen ist auf ruhigerem Kurs. Land ist in Sicht!

Justus, der damals die Schule „geschmissen" hatte, hat seine Lehre mit „sehr gut" abgeschlossen. Er hat dann seinen Ersatzdienst in einer Drogenklinik abgeleistet und parallel dazu ein erfreulich gutes Abitur gemacht! Für mich ist interessant, daß dieses Abitur für ihn einen enormen Stellenwert einnahm, solange er es noch nicht hatte. Seit er es hat, ist es fast unwichtig geworden. Es ist fast, als ob er einer Fata Morgana nachgejagt ist. Heute ist er sich sicher, daß weder ein abgelegtes Abitur noch ein absolviertes Studium der Schlüssel zur Glückseligkeit ist, daß „Leistung" allein nicht der richtige Ansatz ist! Doch um zu dieser Erkenntnis zu gelangen, waren für ihn Abitur und Studium nötig, hätte er sich doch sonst womöglich in seinen eigenen Fallstricken verfangen und sich wahrscheinlich zeitlebens mit dem Gefühl herumgeschlagen, versagt zu haben.

Was ist aus Daniel geworden? Er hat sein Studium aufgegeben und sucht jetzt nach einem neuen, kreativen Ansatz, der seinen wirklichen Wünschen näher kommt. Kommerzielles Denken tritt dabei immer mehr in den Hintergrund. Doch er ist noch auf dem Weg. Wohin der Weg führt, ist momentan noch offen.

Auch die Tochter hat ihren Platz, ihre Nische, gefunden. Sie wird dieses Jahr mit ihrem Musikstudium fertig. Sie ist unabhängig und autonom geworden, und ihre „wilden Jahre" (die mich immer in Alarmstufe sieben versetzten) sind offenbar vorbei. Eigenverantwortlichkeit und Disziplin sind angesagt! Beides teilt sie mit einem jungen Mann, dessen Mittelpunkt ebenfalls die Musik ist.

Und mein Jüngster?

Er blieb nach der Trennung bei seinem Vater, und dies war für mich eine der schmerzvollsten Erfahrungen meines bisherigen Lebens. Dennoch, er hat sich prima entwickelt! Er geht noch zur Schule und macht bald sein Abitur.

Und ich? Nun, ich habe das völlige Umkrempeln meiner Lebenssituation überlebt. Ich habe vor meinem Scherbenhaufen gesessen und mich gefragt: Warum? Inzwischen kenne ich die Antwort: damit ich mich weiterentwickle, dazulerne, erkenne, wer ich bin – ohne den Schonraum des Familiengefüges und auf mich selbst zurückgeworfen und -gestellt. Kein Leben „aus zweiter Hand", fremdbestimmt (durch Ehemann, Kinder und ihre Bedürfnisse). Und ich sehe, ich schaffe es! Mal besser, mal schlechter, aber es läuft und bringt mich weiter! Obwohl ich abschließend sagen möchte: der Idealfall ist für mich nach wie vor die Integration von beidem: sein Selbst auch im Familienverband entwickeln zu können, sich nicht fremdbestimmen zu lassen, sich selbst so ernst und so wichtig nehmen, daß die eigene Autonomie nicht hinter der von Mann und Kindern zurücktritt (von der Selbstlosigkeit zur Selbstaufgabe ist nur ein kleiner Schritt). Wem das gelingt, läuft nicht Gefahr, ein „Leben aus zweiter Hand"zu führen, sondern hat beides unter einem Hut! Und das ist für mich immer noch eine besonders glückliche und geglückte Symbiose für ein erfülltes Leben. Aber egal, welchen Weg wir wählen oder welchen Weg die Umstände uns aufzwingen: Um die Erkenntnis, daß *jeder* Weg über uns selbst und zu uns selbst führt, um diese Erkenntnis kommt früher oder später kein Mensch herum.